회계사 아빠와 왕초보 딸의 재밌는 회계 수다

회계 기초 탈출기

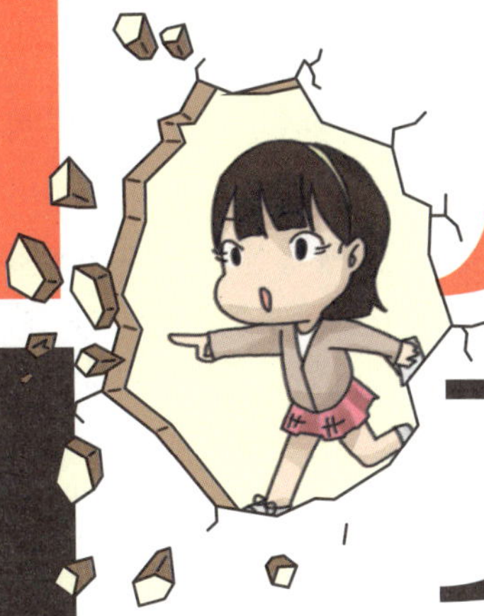

장홍석·장원희 지음

시대인

머리말 |

'세상에서 가장 쉬운 회계학 책을 써보자.' 이것이 목표였습니다.

남들보다 늦은 나이에 공인회계사 시험에 합격한 직후 강의를 시작하면서부터 그 목표를 세웠고, 2010년부터 학생들을 가르치면서 그 소망은 더 간절해졌습니다. 하지만 기존의 수많은 훌륭한 회계학 교재들을 보면, 굳이 제가 책을 출간해야 하는지 회의적이 되곤 했습니다.

8년간 대학강의를 하면서 15주~16주 정도의 짧은 한 학기 대학 교과과정에서 회계학에 대한 기초가 없는 학생들 상당수가 처음 보는 생소한 내용에 힘들어하다가 결국 중도 포기하거나 성적을 잘 받지 못해 재수강하는 경우를 수없이 보아왔습니다. 그러던 가운데 대학생인 딸아이가 새 학기에 회계원리를 수강신청했다는 소식을 접하고, 고교 때까지 회계에 대한 배경지식을 전혀 접하지 못한 딸이 그런 낭패를 겪을까 걱정스러워 방학기간 중 개인지도를 시작했습니다.

그 과정에서 학교에서 다수의 학생들을 가르칠 때와 같은 일방적인 소통이 아닌, 딸과의 격의 없는 대화를 통해 회계를 처음 접하는 학생들의 궁금증이 무엇인지 직접 확인할 수 있었습니다. 그 결과 딸아이는 학교에서 회계원리를 수강하면서 이미 고교시절 '상업' 등의 교과과목에서 회계를 접한 학생들이나 회계사 등 자격시험 준비를 위해 선행학습이 이루어진 학생들과 대등하게 경쟁하고 별 어려움 없이 한 학기를 성공적으로 마무리했을 뿐만 아니라 회계를 포함한 경제 전반에 대한 이해의 폭이 넓어졌습니다.

결국 이러한 성공적인 결과를 나누고 싶어 도서의 발간을 기획하고 학습과정을 책으로 옮기게 되었습니다. 회계학 지식을 옮기는 것은 제가, 그림의 구상과 제 설명에 피드백은 딸아이가 맡아 조금씩 내용을 채워갔습니다. 그래서 저를 주저자로 딸아이를 부저자로 해서 이 책을 발간하게 되었습니다.

이 책은 총 3부로 구성되어 있습니다. 제1부는 회계학에 대해서 전혀 모르는 분들이 편하게 볼 수 있는 내용입니다. 제2부는 결산수정분개를 포함하여 좀 더 구체적으로 회계순환과정을 공부하는 과정입니다. 제3부는 재고자산, 유형자산과 무형자산, 금융자산과 금융부채 등 대표적인 자산, 부채의 세부내용을 설명하고 있습니다. 당초 자본, 현금흐름표, 재무분석, 상법 및 세법의 기초지식 등 공인회계사, 세무사 시험 및 각종 회계 관련 자격증을 본격적으로 준비하는 과정을 포함하는 제4부도 준비했으나, 한정된 지면에 너무 많은 내용을 담은 것으로 판단되어 해당 내용에 대한 발간은 다음 기회로 미루기로 했습니다.

이번 책에서 여러 기업들의 실제 재무제표와 신문기사들을 제시하여 독자들의 이해를 돕고자 노력했습니다. 하지만 이 책에서 언급된 다양한 사례는 오직 학습을 위한 것일 뿐이며, 언급된 특정 회사를 홍보하거나 비난할 의도는 전혀 없음을 알려드립니다. 끝으로 본 서의 발간을 위해 애써주신 시대에듀 관계자분들과 딸아이가 서툴게 그린 초안을 멋진 일러스트로 승화시켜주신 담당자분들께도 깊은 감사를 드립니다.

아무쪼록 이 책을 통해 회계가 어렵다는 편견이 사라지고 보다 많은 사람들이 회계에 대한 관심을 갖게 되기를 기원합니다.

대치동 사무실에서
공인회계사 **장홍석**

머리말 2

"아빠가 가르쳐준 내용을 책으로 써보면 어때요?"

아빠와 회계학을 공부하면서 장난스럽게 했던 이 말 한마디가 한 권의 책을 낳았다는 것이 아직도 신기합니다. 대학생이 되어 아빠의 강요(?)에 가까운 권유로 회계학을 공부하게 된 저는 당시 회계학에 대한 아무런 지식도 없었습니다. 아빠는 그런 저를 앉혀놓고 회계학을 기초부터 차근차근 가르쳐주셨습니다. 학생들을 가르치는 것을 좋아하는 아빠는 저를 가르치실 때도 신나고 활기찬 모습을 보이셨고, 특이한 질문들도 흥미롭게 받아주셨습니다. 아빠는 저와 질문과 대답을 통해 즉각적인 상호작용을 하면서, 배우는 사람의 입장에서 궁금할 수 있는 점들을 발견하며 재미있어 하셨습니다.

그러다 문득 아빠와 나눈 회계학 이야기를 책으로 담으면 어떨까 하는 생각이 떠올랐습니다. 그래서 아빠께 장난스럽게 한마디를 했는데 어느 날 아빠가 정말 원고를 써서 가져 오신 걸 보고 깜짝 놀랐습니다. 아빠와 함께 책을 낸다는 것은 어쩌면 인생에서 한 번 있을까 말까 한 소중한 기회라는 생각이 들었습니다.

회계사 일을 하면서 책을 쓴다는 일이 쉽지 않은데도 아빠는 꾸준히 원고를 쓰셨고, 저는 원고를 읽으며 피드백을 했습니다. 이때 회계학을 가르치는 입장이 아닌 배우는 입장에서 원고를 읽으며 저와 같은 초심자가 가질 수 있는 여러 의문과 그 답변을 담고자 노력했습니다. 이것은 이 책의 큰 장점 중 하나인데, 일반 회계학 책과 달리 대화형식을 활용해 이러한 내용들을 쉽게 녹여낼 수 있었습니다.

또 내용 전반에서 배우는 사람이 이해하기 쉽도록 효과적인 서술 순서와 구성 방법에 피드백 역시 제공했습니다. 뿐만 아니라 주제의 특성상 다소 딱딱할 수 있는 회계학 책에 활기를 불어넣고자 회계학 공부를 하는 아빠와 저의 모습을 담은 삽화도 그렸습니다. 하지만 그림 실력이 부족해 미처 책에 그대로 싣지 못하고 대신 삽화가님들이 다시 그려주신 그림을 넣기로 했습니다. 제 그림의 의도를 십분 존중해 귀엽게 재탄생시켜 주신 삽화가님들께 진심으로 감사함을 전합니다.

학기 중에 무리해서 작업을 한 적도 많았고, 그래서 한 번 크게 아프기도 했지만 이 책을 만들기 시작하면서 끝낼 때까지 그만두고 싶다는 생각은 한 번도 한 적이 없었습니다. 이 책은 아빠와 함께 쓴 첫 번째 책이라는 점만으로도 무척 소중하게 다가옵니다. 특히 이 책이 회계를 처음 공부하는 다른 분들께도 큰 힘이 되어줄 수 있을 거라 생각해 뿌듯합니다. 여러분들이 이 책을 읽으며 회계학 공부를 즐거운 마음으로 시작할 수 있기를 바랍니다. 끝으로 바쁜 와중에 끝까지 열심히 책을 써준 아빠께 감사함을 전합니다.

장원희

목차

Part 2 왕초보, 회계에서 놀다

Part 3 왕초보, 회계에서 날다

왕초보,
회계에 빠지다

1일차
회계가 뭐예요?

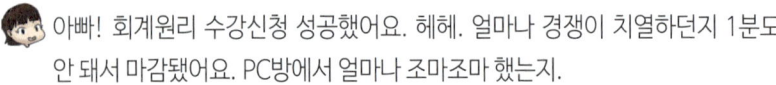

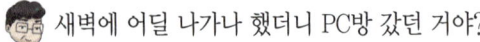

— 회계의 기초

아빠! 회계원리 수강신청 성공했어요. 헤헤. 얼마나 경쟁이 치열하던지 1분도 안 돼서 마감됐어요. PC방에서 얼마나 조마조마 했는지.

새벽에 어딜 나가나 했더니 PC방 갔던 거야?

아침 7시부터 시작이거든요. 수강신청 직전에는 학교 홈페이지에 접속도 잘 안돼요.

요즘은 수강신청도 전쟁이라더니, 회계학이 그렇게 인기과목이야?

인기과목이라기보다는 왠지 알아둬야 할 거 같아서요. 어려울 것 같기는 하지만.

오, 잘 생각했네. 네가 장래에 뭘 하든 회계학은 알아두면 도움이 될 거야.

그런데 아빠, 개강 전에 알아두면 좋을 만한 게 없을까요? 이번 회계학 담당 교수님이 진도를 빨리 뺀다고 해서 살짝 걱정이거든요.

그래? 그럼 아빠랑 회계학 문제 하나 풀어볼래?

 아무것도 모르는데 어떻게 문제를 풀어요? 기초적인 배경지식도 없는 걸요.

 배경지식이 있다면 수월하겠지. 하지만 회계학은 다른 과목과는 달리 문제를 먼저 풀고 본문을 볼 때 오히려 이해하기 쉬운 경우가 많아. 다른 과목들과의 차이점이라고 할 수 있지. 물론 준비물은 있어야 해. 하지만 그것도 단순기능 계산기와 연습장 정도뿐이지만.

 단순기능 계산기가 뭐예요?

 공학용 계산기 말고 덧셈, 뺄셈, 곱셈, 나눗셈처럼 단순기능만 있는 속칭 '쌀집계산기'를 말해. 실제로도 회계사나 세무사 시험에서는 공학용 계산기 사용이 금지되어 있어.

 아빠! 그런데 굳이 계산기 사지 않아도 스마트폰에서 어플을 다운받으면 되지 않나요?

 앗! 이젠 그런 방법도 있겠네. 아빠 생각이 좀 구닥다리구나. 하지만 스마트폰을 시험에서 사용할 수는 없을테니 하나 준비하는게 낫겠지. 그리고 그전에 한가지만 조언하자면 귀찮더라도 직접 손으로 써가면서 풀어보라는 거야. 회계는 눈으로만 봐서는 제대로 이해가 안 되거든. 그리고 처음에는 고쳐 쓸 수 있도록 볼펜보다는 연필과 지우개를 쓰는 것이 더 좋아. 자, 문제를 한번 볼까?

다음은 건물 청소용역을 제공하는 것을 주업으로 하는 ㈜깔끔의 4월 중 발생한 거래 내역이다.

- 1일 : 현금 1,000,000원을 출자(出資)하여 회사를 설립하다.
- 2일 : 사무용 및 청소용 비품을 500,000원에, 청소용 소모품을 50,000원에 취득 하면서 400,000원은 현금을 지급하고 잔액은 외상으로 하다.
- 4일 : 광고선전비 100,000원이 발생했는데, 나중에 지급하기로 하다.
- 10일 : 200,000원의 청소용역을 제공하고 현금을 수령(受領)하다.
- 15일 : 4일 발생한 광고선전비 중 70,000원을 현금으로 지급하다.
- 23일 : 300,000원의 청소용역을 외상으로 제공하다.
- 25일 : 직원급여 100,000원을 현금으로 지급하다.
- 28일 : 23일 발생한 외상대금 중 200,000원을 현금으로 수령하다.
- 29일 : 2일 발생한 외상대금 중 100,000원을 현금으로 지급하다.
- 30일 : 사무실 임차료 60,000원을 현금으로 지급하다.

위의 각 거래를 분개하고 총계정원장에 전기(轉記)한 후 4월 30일자 시산표(試算表)를 작성하시오. 단, 분개 시 사용할 계정은 현금, 매출채권, 소모품, 비품, 미지급금, 자본금, 매출, 광고선전비, 급여 및 지급임차료이다.

 어휴! 무슨 말인지 잘 모르겠어요.

 하나씩 설명해줄 테니 시작부터 낙담하지 마. 일단 1일에 회사로 돈이 들어왔는지 나갔는지 한번 생각해보자.

1일 : 현금 1,000,000원을 출자(出資)하여 회사를 설립하다.

🧑 회사가 처음 세워졌다는 내용이니까 돈이 나간 것 아니에요? 출자란 자금을 내놓았다는 말이잖아요.

🧑 맞아, 사업에 필요한 기본적인 돈을 내놓는다는 말이지. 풀빵 장사를 하더라도 사업밑천(seed money)은 있어야 하니까. 하지만 자금을 내놓은 주체는 회사가 아니라 주주들이야. 다시 말하면 주주들이 돈을 회사에 투자했다는 거지.

🧑 아, 그렇군요. 그렇다면 1,000,000원 입금이네요.

2일 : 사무용 및 청소용 비품을 500,000원에, 청소용 소모품을 50,000원에 취득하면서 400,000원은 현금을 지급하고 잔액은 외상으로 하다.

🧑 어휴! 엄청 복잡하네요. 어쨌든 회사에서 400,000원이 나갔네요. 그런데 소모품과 비품이 뭐예요?

🧑 비품, 소모품 모두 회사에서 영업에 사용하는 물품들이야. 책상·의자·컴퓨터처럼 오랜 기간 쓸 수 있는 건 비품이고, 필기구·프린트 잉크처럼 사용기간이 짧거나 소액인 것들은 소모품이라고 해.

4일 : 광고선전비 100,000원이 발생했는데 나중에 지급하기로 하다.

🧑 원래는 돈이 100,000원 나가야 하는데 외상거래니까 입금된 것도 출금된 것도 없네요. 그런데 돈도 안 줬는데 광고선전비가 발생했다는 건 좀 이상한데요.

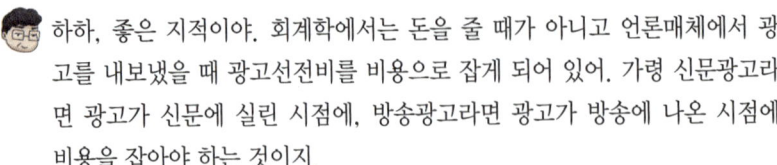 하하, 좋은 지적이야. 회계학에서는 돈을 줄 때가 아니고 언론매체에서 광고를 내보냈을 때 광고선전비를 비용으로 잡게 되어 있어. 가령 신문광고라면 광고가 신문에 실린 시점에, 방송광고라면 광고가 방송에 나온 시점에 비용을 잡아야 하는 것이지.

왜 그렇게 하는 거죠?
돈 줄 때 비용으로 잡으면 지급시점을 조정하여 이익을 늘릴 수도 줄일 수도 있게 되거든.

이해가 잘 안 돼요.
예를 들어 올해 12월 31일에 지급해야 할 것을 내년 1월 2일에 지급했다고 하자. 만약 현금 지출시점에 비용으로 처리하면 올해에 발생한 비용이 내년에 잡히겠지? 그렇게 되면 1년을 단위로 이익을 계산하는 회사의 입장에서는 이익이 변동되는 결과가 초래하게 돼.

10일 : 200,000원의 청소용역을 제공하고 현금을 수령(受領)하다.

수령이라는 것은 '받는다'는 말이야. '영수증을 수령했다'고도 표현하지. 영수증은 돈을 받았다는 증빙이고.
에이, 아빠! 그 정도는 저도 알아요. 답은 200,000원 입금이에요.

15일 : 4일 발생한 광고선전비 중 70,000원을 현금으로 지급하다.

이건 간단하네요. 70,000원 출금이요.

23일 : 300,000원의 청소용역을 외상으로 제공하다.

음, 입금도 출금도 없네요. 외상거래니까요.

25일 : 직원급여 100,000원을 현금으로 지급하다.

출금 100,000원이요. 생각보다 쉬운데요, 헤헤.

28일 : 23일 발생한 외상대금 중 200,000원을 현금으로 수령하다.

입금 200,000원이요. 어째 갈수록 더 쉬워지는 거 같네요.

29일 : 2일 발생한 외상대금 중 100,000원을 현금으로 지급하다.

출금 100,000원이요.

30일 : 사무실 임차료 60,000원을 현금으로 지급하다.

출금 60,000원이요.

잘했어. 이제 연습장에 적어봐. 입금은 왼편에, 출금은 오른편에 쓰는 거야. 가령 4월 1일 거래는 현금 1,000,000원이 들어왔으니까 왼편에 '현금 1,000,000원'이라고 쓰면 돼. 아, 그런데 회계학에서는 왼쪽을 차변(借邊), 오른쪽을 대변(貸邊)이라고 해. 그리고 차변과 대변의 금액은 항상 일치해야 하고.

음, 차변은 '빌렸다'는 뜻이고 대변은 '빌려줬다'는 뜻인가요? 한자(漢字)를 보면 그런 뜻이잖아요.

아니, 전혀 아니야. 차변, 대변은 그냥 좌우의 개념일 뿐이야. '빌려주다', '빌리다'는 의미와는 무관해.

어떻게 기억하죠?

하다 보면 저절로 기억될 거야. 굳이 기억이 안 되면 다소 유치하기는 하지만 '화장실에서 쓰는 손은 무슨 손? 오른손! 오른손은 대변' 이렇게 암기하면 될 거야.

어휴, 너무 지저분하네요. 헤헤.

그래도 확실히 머리에 남지 않니?

4월 1일	(차) 현 금	1,000,000	(대) ?	
4월 2일	(차) ?		(대) 현 금	400,000
4월 4일	현금 유출입 없음			
4월 10일	(차) 현 금	200,000	(대) ?	
4월 15일	(차) ?		(대) 현 금	70,000
4월 23일	현금 유출입 없음			
4월 25일	(차) ?		(대) 현 금	100,000
4월 28일	(차) 현 금	200,000	(대) ?	
4월 29일	(차) ?		(대) 현 금	100,000
4월 30일	(차) ?		(대) 현 금	60,000

잘하는 걸. 우리 딸 회계사 시험 준비해도 되겠다. 그럼 이번에는 이 내용은 다시 옮겨 써볼까? 방법은 간단해. 왼편에 나타난 것은 왼쪽에, 오른편에 나타난 것은 오른쪽에 옮겨 쓰면 되는 거야.

뭐야, 단순노동이잖아요?

다소 지루한 과정이기는 하지. 하지만 금방 익숙해질 거야. 그리고 숫자 '000'을 쓸 때 세 개씩 이어서 쓰는 습관을 들이는 게 좋아. '000'을 줄로 죽죽 긋지 말고.

4/01	1,000,000	4/02	400,000
4/10	200,000	4/15	70,000
4/28	200,000	4/25	100,000
		4/29	100,000
		4/30	60,000
	1,400,000		730,000

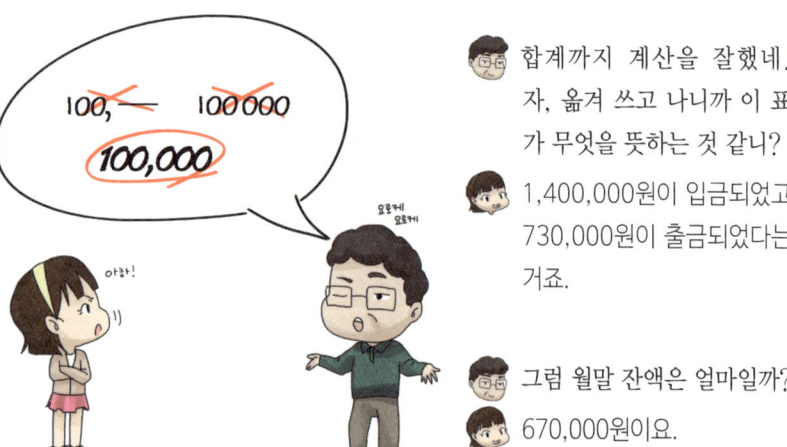

합계까지 계산을 잘했네. 자, 옮겨 쓰고 나니까 이 표가 무엇을 뜻하는 것 같니?

1,400,000원이 입금되었고 730,000원이 출금되었다는 거죠.

그럼 월말 잔액은 얼마일까?

670,000원이요.

잘했어. 네가 방금 말한 걸 다시 표로 만들 수 있단다.

잔 액	합 계	계정명	합 계	잔 액
670,000	1,400,000	현 금	730,000	

 아, 그렇군요. 그런데 현금 이외에 나머지 항목들은 어떻게 처리하죠?

 성급하기는! 오늘은 여기까지만 하자. 첫날부터 무리하지는 말자고.

 요약하기!

- 부기(簿記) : 기업의 자산 · 자본 · 부채 등 회계상의 출납, 변동 등을 밝히는 기록방식
- 차변과 대변 : 부기의 기호로서 왼편을 차변이라 하고, 오른편을 대변이라고 한다.
- 현금이 입금되면 왼편(차변)에 기록한다.
- 현금이 출금되면 오른편(대변)에 기록한다.
- 회계학에서는 왼편을 차변, 오른편을 대변이라고 부른다.
- 차변과 대변의 금액은 항상 일치해야 한다.

— 거래의 8요소

01 거래의 8요소

예를 들어 A라는 사람의 총재산이 10억원짜리 아파트 한 채라고 하자. 해당 아파트를 구입하면서 은행에 3억원의 빚을 졌다면 그 사람의 총재산에서 빚을 뺀 나머지 순재산은 얼마일까?

당연히 7억원이겠죠.

맞아. 그런데 회계학에서는 총재산을 '자산(資産)', 빚을 '부채(負債)', 순재산을 '자본(資本)'으로 구분해서 사용해. 그 등식은 다음과 같아.

자산 = 부채 + 자본

이 등식을 이용해서 A의 재산을 표로 나타내면 다음과 같아.

항목	금액
아파트	10억원
총재산(자산) 합계	10억원

항목	금액
은행빛	3억원
순재산	7억원
빚(부채)과 순재산(자본) 합계	10억원

 자산, 부채, 자본이라…. 생소하지만 기억해야겠네요. 그런데 좀 이상해요. 빚도 재산이 되는 거예요?

 그런 셈이지.

 엥! 그게 말이 돼요?

 그래서 수백억원, 수천억원대 엄청난 부자인 줄 알았는데 빚이 엄청나서 순재산이 얼마 안 되는 경우도 많아. 그런 사람을 믿고 투자했다가는 낭패를 보게 돼.

 사기 아니에요?

 그렇게 생각할 수도 있겠지. 하지만 은행에서 큰돈을 빌렸다면 기본적으로 어느 정도 재산은 있다는 반증일 테니까 완전히 사기라고는 할 수 없어. 그러니 너도 나중에 남편감 고를 때 조심해야 해.

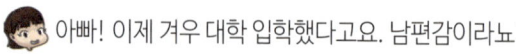

아빠! 이제 겨우 대학 입학했다고요. 남편감이라뇨?

시간은 금방 흘러가거든, 하하.

그런데 궁금한 게 있어요. 왜 자산을 차변에 쓰죠?

그건 그냥 약속이야. 회계에서 사용하는 오랜 관행이라고 봐야지. 그냥 기억할 수밖에 없어.

그럼 등식에 따르면 부채와 자본은 대변에 쓸 수밖에 없겠네요?

맞아, 자산은 증가하면 차변, 감소하면 대변에 기재하는 거야. 부채와 자본은 그 반대고, 그런데 이쯤에서 앞에서 배운 현금의 입출금을 한번 생각해 보자. 현금이 들어올 때와 나갈 때 어떻게 기록했지?

현금이 들어오면 왼쪽, 나가면 오른쪽에 기록했어요.

맞아, 현금이 대표적인 자산이기 때문에 그런 거야.

음, 부채나 자본이 증가하면 오른쪽에 써야겠네요?

그래, 그거야!

차 변	대 변
자산의 증가	자산의 감소
부채의 감소	부채의 증가
자본의 감소	자본의 증가

02 자산, 부채, 자본의 종류

자산은 회사가 보유한 현금을 말하는 거예요?

현금은 자산의 한 종류일 뿐이야. 자산은 회사가 가진 모든 재산을 의미하거든. 회사가 보유한 상품이나 제품도 자산이고, 토지나 건물도 자산이야. 또 눈에 보이지는 않지만 특허권 같은 무형의 권리도 그렇고. 이 외에도 매출채권이나 미수금도 자산에 해당해. 매출채권은 외상매출금과 받을어음을 통칭해서 부르는 용어인데 차차 배우게 될 거야.

상품과 제품의 차이점이 뭐예요?

상품과 제품은 둘 다 판매목적인 것은 같지만, 상품은 외부에서 구입한 물건을 말하고 제품은 회사가 직접 제조한 물건이라는 차이가 있어.

자산은 종류가 참 많네요.

부채와 자본도 마찬가지야. 먼저 부채에는 어떤 것이 있을까?

외상대금 못 준 거랑 은행에서 빌린 돈 같은 거겠죠.

그래, 지급하지 않은 외상대금은 성격에 따라 매입채무나 미지급금이라고 불러. 매입채무는 다시 외상매입금과 지급어음으로 구분되지. 그리고 은행에서 빌린 돈은 차입금이라고 해. 그리고 자본에는 사업밑천(seed money)에 해당하는 자본금과 회사가 번 것에 해당하는 이익잉여금이 있어.

잉여요? 그건 비속어 아니에요?

회계에서 사용하는 의미는 말 그대로 나머지를 뜻해. 즉, 이익잉여금은 회

사가 번 것을 배당하지 않고 사내에 유보하고 있는 금액을 말하지. 영어로
는 'Retained Earning'이라고 쓰니까 글자 그대로 풀이하면 '유보이익누
계액'이 돼.

유보이익…. 아, 용어가 좀 어려워요. 회계 용어들은 평소 사용하는 단어들을 사
용하지 않나 봐요.

회계 용어는 원래 서양에서 만들어졌는데, 우리나라는 일본에서 서양의 언
어를 번역해 사용하던 것을 그대로 받아들였어. 일본식 용어를 번역만 해서
사용한 거지. 그러다 보니 의미전달이 쉽지 않은 게 사실이야.

그런데 자산과 자본이 좀 헷갈려요.

일단 초보단계에서는 자본에는 두 가지만 있다고 생각하면 그리 어렵지 않
을 거야. 주주의 출자금을 의미하는 '자본금'과 회사가 벌어들인 것을 의미
하는 '이익잉여금', 이렇게 말이야.

03 **거래의 성격**

이제 '예제 1-1'로 돌아가서 문제를 마저 풀어보도록 하자고. 먼저 1일 거래를 차변에 현금을 썼으면 대변에 뭐라고 쓰면 좋을까?

· 1일 : 현금 1,000,000원을 출자하여 회사를 설립하다.

출자라는 건 주주가 사업밑천을 내놓은 거라고 했고, 사업밑천은 자본금이라고 했으니까… 자본금?

그러면 차변에 쓴 현금의 성격이 자산의 증가라고 했을 때 대변의 성격은 뭘까?

일단은 자본금이 자본의 한 종류라고 했으니까 자본일 테고, 자본이 증가했을 때 오른쪽인 대변에 쓴다고 했으니까 '자본의 증가'겠네요.

그렇지. 결국 1일 거래는 '자산의 증가 / 자본의 증가' 거래가 돼. 여기에서 주의할 것은 차변과 대변의 금액이 일치해야 한다는 거야. 일치하지 않으면 틀린 것이지.

　　　(차) 현 금　　　　　1,000,000　　(대) 자본금　　　　　　1,000,000

· 2일 : 사무용 및 청소용 비품을 500,000원에, 청소용 소모품을 50,000원에 취득하면서 400,000원은 현금을 지급하고 잔액은 외상으로 하다.

2일은 비품이랑 소모품이라는 자산이 증가했고, 현금이라는 자산은 감소했네요.

| (차) 비 품 | 500,000 | (대) 현 금 | 400,000 |
| 소모품 | 50,000 | | |

 차변과 대변의 합이 일치하지 않는 걸. 뭔가 빼먹은 것이 있지 않니?

 아, 그러네요. 외상 150,000원을 적지 않았어요.

 그래, 비품 등을 외상으로 사고 지급하지 않은 것을 '미지급금'이라고 하지. 상품이나 원재료 등을 외상으로 사고 지급하지 않은 것은 '매입채무'라고 하고.

 그럼 대변에 미지급금 150,000원을 써야겠네요. 성격은 '자산의 증가 / 자산의 감소 + 부채의 증가' 거래가 되겠죠?

| (차) 비 품 | 500,000 | (대) 현 금 | 400,000 |
| 소모품 | 50,000 | 미지급금 | 150,000 |

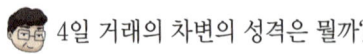

04 수익과 비용

4일 거래의 차변의 성격은 뭘까?

> **• 4일 : 광고선전비 100,000원이 발생했는데 나중에 지급하기로 하다.**
> **• 현금 유출입 없음**

대변은 나중에 지급한다 해도 일단은 자산의 감소가 맞는데, 차변은 자산의 증가도 아니고 부채나 자본도 아닌 것 같은데요?

그래, 광고선전비는 자산, 부채, 자본이 아닌 비용이지. 말 나온 김에 수익(收益)과 비용(費用)의 개념에 대해서 좀 더 알아보자. 먼저 수익은 기업이 영업활동을 수행하여 번 돈에 해당하는 것으로 매출과 거의 비슷한 개념이라고 생각하면 돼. 매출 이외에 이자수익도 수익에 해당하지. 그리고 수익에서 비용을 뺀 것은 이익이라고 해.

비용이 뭐예요?

비용은 기업이 영업활동을 통해 수익을 창출하는 과정에서 소비하거나 지출한 원가를 의미해. 직원급여나 사무실 임차료, 광고선전비, 이자비용 등이 비용에 속하지. 자, 그럼 비용이 발생하면 차변과 대변 중에 어디에 기록해야 할까?

음, 대변 아니에요?

그럴까? 비용이 발생하면 보통은 현금이 빠져나가겠지? 그러면 현금이 대변에 기록될 거고. 결국 비용은 차변에 기록될 수밖에 없어. 반면 수익이 발생하면 보통 현금이 들어올 테고 들어온 현금은 차변에 기록될 테니까 수익은 대변에 기록되겠지.

차 변	대 변
자산의 증가	자산의 감소
부채의 감소	부채의 증가
자본의 감소	자본의 증가
비용의 발생	**수익의 발생**

 아빠, 좀 이상해요. 자산의 증가와 비용의 발생이 어떻게 같은 편에 있어요?

 자산이랑 비용의 연관관계를 생각해보면 쉽게 이해될 거야. 자산이 사용되면 비용이 되는 거니까.

 음… 좀 어렵지만 그럴듯하기도 하네요. 그런데 자산·부채·자본과 수익·비용의 차이가 뭐예요?

 수익 · 비용이 자산 · 부채 · 자본과 구별되는 것은 시점개념이 아니라 기간 개념이라는 거야.

 기간개념과 시점개념이요? 좀 더 설명해주세요.

 매출액이라는 건 특정한 시점의 매출액이라는 게 성립할 수 없어. 하루 매출, 한 달 매출, 1년 매출이라고 해야지. 그래서 매출을 기간개념이라고 하는 거야. 급여도 마찬가지지. 결산일 현재 급여라는 말도 성립이 안 돼. 한 달 급여, 1년 치 급여라고 해야지. 그러면 이건 어떨까? 1월 한 달 동안의 회사 의 보유현금이라는 말은 맞는 말일까?

아니요, 한 달 동안이 아니고 '현재 현금이 얼마 있다'라고 해야 해요. 알겠어요. 특정시점에 금액이 얼마라고 하는 것, 예를 들어 월말 현재 잔액이 얼마냐고 하는 시점개념이 자산·부채·자본이란 말이군요.

기간개념	시점개념
일정기간을 명시해야 측정할 수 있음	일정시점에서 측정할 수 있음
수익(매출), 비용(급여)	자산, 부채, 자본

 그래, 경제학 기초를 배웠다면 한 번쯤 '유량(Flow)'과 '저량(Stock)'이란 걸 들어봤을 텐데 '유량'의 개념에 해당하는 것이 수익ㆍ비용이고, '저량'의 개념에 해당하는 것이 자산ㆍ부채ㆍ자본이라고 할 수 있어.

 아빠! 저 고등학교 때 경제학 안 배웠어요. 좀 더 자세히 설명해주세요.

 아, 미안. '저량'이란 일정시점에서 측정할 수 있는 변수를 의미하고, '유량' 이란 일정기간을 명시해야 측정할 수 있는 변수야. 그렇다면 통화량이나 국내 총생산(GDP)은 유량일까, 저량일까?

 통화량은 일정시점을 기준으로 하니깐 저량이고, 국내총생산은 일정기간을 기준으로 하니깐 유량이겠군요.

 하하, 맞다. 이제 문제로 돌아가서 다시 살펴볼까? 4일 거래에서 차변은 무엇이 되어야 할 것 같니?

 광고선전비니까 비용의 발생!

 그렇지. 그리고 대변은 상품이나 제품을 산 게 아니니까 미지급금으로 해야 해. 결국 4일 거래는 '비용의 발생 / 부채의 증가' 거래에 해당해.

(차) 광고선전비   100,000   (대) 미지급금   100,000

· 10일 : 200,000원의 청소용역을 제공하고 현금을 수령하다.

아빠, 용역이 뭐예요?

서비스라고도 하는데, 생산이나 소비에 관련한 모든 경제활동을 말해. 교사의 수업이나 이발사의 이발, 일용직근로자들의 노동들을 말하지.

그렇다면 자산의 감소, 부채의 증가, 자본의 증가는 모두 아니네요. 청소해서 돈을 벌었으니까 매출이고, 수익의 발생일 수밖에 없겠는데요. '자산의 증가 / 수익의 발생' 거래 맞죠?

(차) 현 금   200,000   (대) 매 출   200,000

· 15일 : 4일 발생한 광고선전비 중 70,000원을 현금으로 지급하다.

15일 거래는 비용이 발생한 것이 아니라 빚을 갚은 거래니까 차변에 미지급금을 써야 할 것 같아요.

잘하네. 앞에서 미지급금은 부채의 하나고, 부채의 감소는 차변에 쓴다고 했지? 다시 말하면 차변에 미지급금을 쓴다는 것은 '부채에 속하는 미지급금이 감소한다'는 의미야.

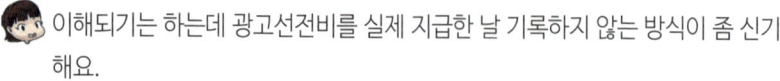 이해되기는 하는데 광고선전비를 실제 지급한 날 기록하지 않는 방식이 좀 신기해요.

광고선전비가 지급된 날이 아닌 발생한 날 기록하는 방식을 '발생주의', 반면 광고선전비가 지급된 날에 기록하는 방식은 '현금주의'라고 해. 회계학에서는 뒤에 배우게 될 '현금흐름표'를 제외한 나머지는 모두 '발생주의'에 의해 작성하도록 정하고 있지. 물론 당장 이해할 필요는 없어. 차차 익숙해질 거야. 자, 그러면 15일 거래는 '부채의 감소 / 자산의 감소' 거래가 되겠지?

(차) 미지급금	70,000	(대) 현 금	70,000

· 23일 : 300,000원의 청소용역을 외상으로 제공하다.
· 현금 유출입 없음

23일 거래는 매출이 발생한 거래니까 일단 대변에는 매출이 와야 할 거예요. 그런데 차변은 모르겠어요.

일단 돈을 받은 적이 없지만, 돈 받을 권리가 생겼지? 이처럼 외상매출을 통해 생긴 권리를 '매출채권'이라고 불러. 이때 주의할 것은 매출은 수익이지만 매출채권은 자산이라는 거야. 매출채권이 특정시점에서 회사가 갖고 있는 권리이기 때문이지. 매출은 일정기간 동안 발생하는 기간개념의 것이고.

아, 그러면 '자산의 증가 / 수익의 발생'이네요.

(차) 매출채권	300,000	(대) 매 출	300,000

• 25일 : 직원급여 100,000원을 현금으로 지급하다.

차변에는 급여하고 쓰면 되는데, 성격은 뭘까?

아, 이건 쉬워요. '비용의 발생 / 자산의 감소' 거래죠.

(차) 급 여	100,000	(대) 현 금	100,000

• 28일 : 23일 발생한 외상대금 중 200,000원을 현금으로 수령하다.

이 문제는 어려운데요.

그렇지 않아. 일단은 증가와 감소는 생각하지 말고 외상대금은 받을 권리로 매출채권이라고 했지? 매출채권은 잔액개념의 자산이고 말이야. 그런데 외상 대금을 갚았다는 건 매출채권이 줄어들었다는 것이고, 곧 자산이 감소됐다 는 거야. 자산이 감소되면 대변에 쓴다고 했지?

알겠어요. '자산의 증가 / 자산의 감소'가 되겠네요.

(차) 현 금	200,000	(대) 매출채권	200,000

• 29일 : 2일 발생한 외상대금 중 100,000원을 현금으로 지급하다.

외상대금을 지급한 것이니까, 차변은 매입채무?

회사의 영업활동에 필요한 상품이나 제품을 구입할 때만 매입채무를 써. 비 품을 외상으로 사면 '미지급금'을 사용하고.

 아, 그러면 '부채의 감소 / 자산의 감소' 거래네요.

(차) 미지급금	100,000	(대) 현 금	100,000

• 30일 : 사무실 임차료 60,000원을 현금으로 지급하다.

 차변에 임차료를 써야 하는 것 같은데, 임차료가 뭐예요?

임차료(賃借料)는 우리 회사가 세 들어 살면서 내는 월세야. 반대로 우리 회사가 건물 주인일 때 세입자로부터 받는 월세는 임대료(賃貸料)라고 해. 실무에서는 혼동을 막기 위해서 지급임차료, 수입임대료라고 쓰기도 하지.

그렇다면 매출과 관계없는 지출이니까 비용이겠네요. '비용의 발생 / 자산의 감소' 거래예요.

(차) 지급임차료	60,000	(대) 현 금	60,000

O.K. 잘했어. 지금까지 거래를 차변과 대변에 기록하는 것을 분개(分介, Journalize)라고 해. 이제 다음 단계로 넘어가 볼까?

아빠, 오늘은 그만해요. 오늘 친구들이랑 약속이 있다구요.

이런, 고3 때보다 얼굴 볼 시간이 더 없네. 할 수 없지. 다음에 하자.

요약하기!

- 자산 : 기업이 소유하고 있는 총재산
- 부채 : 기업이 진 빚
- 자본 : 순재산. 자산에서 부채를 차감한 금액

자산 = 부채 + 자본

- 자산의 증가는 차변, 자산의 감소는 대변에 기록한다.
- 부채의 증가는 대변, 부채의 감소는 차변에 기록한다.
- 자본의 증가는 대변, 자본의 감소는 차변에 기록한다.

- 수익 : 기업의 경영활동 결과로 자본의 증가를 가져오는 원인
- 비용 : 기업의 경영활동 결과로 자본의 감소를 가져오는 원인
   수익을 창출하기 위해 소비된 경제적 가치

수익 - 비용 = 이익

- 비용의 발생은 차변, 수익의 발생은 대변에 기록한다.

- 자산의 종류 : 현금, 매출채권, 미수금, 상품, 제품, 소모품, 비품, 토지, 건물 등
- 부채의 종류 : 미지급금, 매입채무, 차입금 등
- 자본의 종류 : 자본금, 이익잉여금 등
- 수익의 종류 : 매출, 이자수익 등
- 비용의 종류 : 광고선전비, 급여, 지급임차료 등

- 시점개념 : 특정시점에서 얼마라는 의미(자산, 부채, 자본)
- 기간개념 : 일정기간 동안 얼마라는 의미(수익, 비용)

연습문제

01. 다음을 자산, 부채, 자본, 수익, 비용으로 나누어 표시하시오.

> **보기**
>
> ① 현 금 ② 미지급금 ③ 자본금 ④ 매출채권 ⑤ 소모품 ⑥ 비 품
> ⑦ 상 품 ⑧ 매 출 ⑨ 광고선전비 ⑩ 급 여 ⑪ 지급임차료
> ⑫ 이익잉여금 ⑬ 매입채무 ⑭ 차입금

답 • 자산 ①, ④, ⑤, ⑥, ⑦ / 부채 ②, ⑬, ⑭ / 자본 ③, ⑫
　 • 수익 ⑧ / 비용 ⑨, ⑩, ⑪

02. 다음 중 자산에 속하는 항목을 모두 고르시오.

> **보기**
>
> ① 매입채무 ② 이익잉여금 ③ 매출채권
> ④ 상 품　　 ⑤ 비 품　　　 ⑥ 자본금

답 ③, ④, ⑤
　 매입채무는 부채, 이익잉여금과 자본금은 자본이다.

03. 다음 중 거래관계가 서로 결합될 수 없는 것은?

① (차) 자산의 증가　　　　　　　(대) 자산의 감소 및 수익의 발생
② (차) 부채의 감소　　　　　　　(대) 자산의 감소 및 비용의 발생
③ (차) 부채의 감소 및 자산의 증가　(대) 수익의 발생
④ (차) 자본의 감소　　　　　　　(대) 자본의 증가

답 ②

04. 다음 중 대변에 기록할 거래가 아닌 것은?

    ① 자본금의 증가

    ② 용역매출의 발생

    ③ 미지급금의 증가

    ④ 임차료의 발생

  📖 ④

05. 다음 거래에서 계정의 증감내용이 기입될 계좌로 바른 것을 모두 고르시오.

보기

• 거래내용 : 현금 300,000원을 차입하고 1개월 후에 상환하기로 하다.

자산계정		부채계정	
가	나	다	라

  ① 가, 다   ② 가, 라   ③ 나, 다   ④ 다, 라

  📖 ②

    (차) 현 금   300,000   (대) 단기차입금   300,000

재무제표를 향해 출발!

― 재무제표의 작성

 오늘 할 것은 그냥 열심히 손으로 옮겨 쓰는 거야. 첫날 말했지만 회계학은 머리가 아닌 손으로 하는 거거든.

 아빠! 같은 말 반복하면 잔소리예요!

 하하, 알았다. 이건 네가 지난번에 분개한 거야.

4/01	(차) 현 금	1,000,000	(대) 자본금	1,000,000
4/02	(차) 비 품	500,000	(대) 현 금	400,000
	소모품	50,000	미지급금	150,000
4/04	(차) 광고선전비	100,000	(대) 미지급금	100,000
4/10	(차) 현 금	200,000	(대) 매 출	200,000
4/15	(차) 미지급금	70,000	(대) 현 금	70,000
4/23	(차) 매출채권	300,000	(대) 매 출	300,000
4/25	(차) 급 여	100,000	(대) 현 금	100,000
4/28	(차) 현 금	200,000	(대) 매출채권	200,000
4/29	(차) 미지급금	100,000	(대) 현 금	100,000
4/30	(차) 지급임차료	60,000	(대) 현 금	60,000

01 전기

 이제는 이 분개를 각 계정별로 T계정에 옮겨 적어야 해. 이 과정을 전기
(轉記)라고 하는데, 현금 계정은 벌써 해봤어.

현금

4/01	1,000,000	4/02	400,000
4/10	200,000	4/15	70,000
4/28	200,000	4/25	100,000
		4/29	100,000
		4/30	60,000
	1,400,000		730,000

 현금은 끝났으니까 분개에서 현금을 지워보자.

4/01	(차) 현 금	1,000,000	(대) 자본금	1,000,000
4/02	(차) 비 품	500,000	(대) 현 금	400,000
	소모품	50,000	미지급금	150,000
4/04	(차) 광고선전비	100,000	(대) 미지급금	100,000
4/10	(차) 현 금	200,000	(대) 매 출	200,000
4/15	(차) 미지급금	70,000	(대) 현 금	70,000
4/23	(차) 매출채권	300,000	(대) 매 출	300,000
4/25	(차) 급 여	100,000	(대) 현 금	100,000
4/28	(차) 현 금	200,000	(대) 매출채권	200,000
4/29	(차) 미지급금	100,000	(대) 현 금	100,000
4/30	(차) 지급임차료	60,000	(대) 현 금	60,000

그런 다음 남은 것들을 하나하나 지워가면서 옮기는 거야.

 어휴! 엄두가 안 나네요.

 처음이니까 좀 도와줄게. 분개한 것 중에서 자산 항목은 현금 · 매출채권 · 비품 · 소모품, 부채 항목은 미지급금, 자본 항목은 자본금, 수익 항목은 매출, 비용 항목은 광고선전비 · 급여 · 지급임차료야. 이 항목들을 각각의 T계정을 만드는 거야. 날짜와 금액만 쓰면 돼.

 옮겨 쓴 것을 지워가면서 하지 않으면 꼭 빼 먹거나 두 번 옮겨 쓸 수도 있겠어요.

 그래서 조심해야 해. 다음의 양식에 채워 넣어보자.

매출채권

비 품

소모품

미지급금

자본금

매 출

광고선전비

급 여

지급임차료

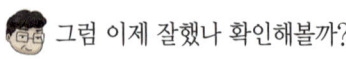 그럼 이제 잘했나 확인해볼까?

매출채권

4/23	300,000	4/28	200,000
	300,000		200,000

비 품

4/02	500,000		
	500,000		

소모품

4/02	50,000		
	50,000		

미지급금

4/15	70,000	4/02	150,000
4/29	100,000	4/04	100,000
	170,000		250,000

자본금

	4/01	1,000,000
		1,000,000

매 출

	4/10	200,000
	4/23	300,000
		500,000

광고선전비

4/04	100,000	
	100,000	

급 여

4/25	100,000	
	100,000	

지급임차료

4/30	60,000	
	60,000	

아빠! 맞아요?

 응, 잘했는데 그 의미를 알아야겠지? 예를 들어 매출채권을 전기한 표는 어떻게 해석해야 할까?

매출채권

4/23	300,000	4/28	200,000
	300,000		200,000

 매출채권이 300,000원 생겼고 200,000원이 회수되어서 현재 100,000원이라는 뜻 아니에요?

 미지급금을 전기한 표는 무슨 뜻이지?

미지급금

4/15	70,000	4/02	150,000
4/29	100,000	4/04	100,000
	170,000		250,000

 미지급금이 250,000원 생겼고 170,000원을 지급해서 현재 80,000원이라는 뜻이겠죠.

02 재무제표 작성

 좋아, 이번에는 이 내용을 첫날 배웠던 표에 옮겨보자.

잔 액	합 계	계정명	합 계	잔 액
670,000	1,400,000	현 금	730,000	

 이 양식을 '합계잔액시산표'라고 하지. 이곳에 현금 외에 다른 것들도 다 옮겨 써야 하는데 먼저 매출채권이랑 미지급금만 먼저 해보자.

잔 액	합 계	계정명	합 계	잔 액
670,000	1,400,000	현 금	730,000	
	300,000	매출채권	200,000	100,000
80,000	170,000	미지급금	250,000	

 이렇게 옮겨 쓰면 되죠?

 다시 한번 생각해봐. 매출채권의 잔액이 오른편에 있고 미지급금의 잔액이 왼편에 있는 게 좀 이상하지 않아?

 좌우 합계가 같으려면 이렇게 써야 하잖아요?

잔액의 위치는 자산, 부채, 자본, 수익, 비용을 분개할 때와 같다고 생각하면 돼. 그러면 매출채권은 잔액은 자산이니까 왼편에 와야 하고, 미지급금의 잔액은 부채니까 오른편에 와야겠지. 현금을 참조해봐.

잔 액	합 계	계정명	합 계	잔 액
670,000	1,400,000	현 금	730,000	
100,000	300,000	매출채권	200,000	
	170,000	미지급금	250,000	80,000

 No pain, no gain! 자자, 이제 남은 것들도 다 합계잔액시산표에 옮겨 적도록 해.

합계잔액시산표
20×1년 4월 30일 현재

잔 액	합 계	계정명	합 계	잔 액
670,000	1,400,000	현 금	730,000	
100,000	300,000	매출채권	200,000	
500,000	500,000	비 품		
50,000	50,000	소모품		
	170,000	미지급금	250,000	80,000
		자본금	1,000,000	1,000,000
		매 출	500,000	500,000
100,000	100,000	광고선전비		
100,000	100,000	급 여		
60,000	60,000	지급임차료		
		합 계		

이제 잘했는지를 확인하려면 아래쪽 합계란의 좌우가 일치하는지 확인하면 돼.

합계잔액시산표
20×1년 4월 30일 현재

잔 액	합 계	계정명	합 계	잔 액
670,000	1,400,000	현 금	730,000	
100,000	300,000	매출채권	200,000	
500,000	500,000	비 품		
50,000	50,000	소모품		
	170,000	미지급금	250,000	80,000
		자본금	1,000,000	1,000,000
		매 출	500,000	500,000
100,000	100,000	광고선전비		
100,000	100,000	급 여		
60,000	60,000	지급임차료		
1,580,000	2,680,000	합 계	2,680,000	1,580,000

 아빠! 맞아요. 이제 다 끝난 거죠?

 잘했어. 팔 아프지? 그런데 어쩌냐? 아직 끝난 게 아니야. 한 번 더 옮겨 써야 하거든. 하지만 이번에는 단순하니까 걱정하지 마. 다음의 양식에 그냥 잔액만 옮겨 쓰면 되는 거니까. 이 양식은 '잔액시산표'라고 해.

잔액시산표

20×1년 4월 30일 현재

현 금	670,000	미지급금	80,000
매출채권	100,000	자본금	1,000,000
비 품	500,000	매 출	500,000
소모품	50,000		
광고선전비	100,000		
급 여	100,000		
지급임차료	60,000		
	1,580,000		1,580,000

 우와, 엄청난 단순노동이네요. 다 했어요.

 이제 최종 마무리가 남았어. 방금 만든 표에서 자산, 부채, 자본, 수익, 비용 항목을 각각 구분해볼래?

 현금·매출채권·비품·소모품은 자산이고 광고선전비·급여·지급임차료는 비용이네요. 미지급금은 부채, 자본금은 자본, 매출은 수익이고요.

 맞아. 이번에는 수익과 비용만 다음 양식에 옮겨 쓰는 거야. 이 양식은 '손익계산서'라고 해.

손익계산서

20×1년 4월 1일 ~ 4월 30일

광고선전비	100,000	매 출	500,000
급 여	100,000		
지급임차료	60,000		

팔은 아프지만 어렵진 않네요.

잘했어. 회사의 수익과 비용의 합계가 각각 어떻게 됐니?

수익은 매출 하나뿐이니까 500,000원이고 비용은 광고선전비, 급여, 임차료를 합하면 260,000원이에요. 아, 알겠어요. 이익을 구하려는 거죠? 수익에서 비용을 빼면 이익이라고 했으니까 '500,000 − 260,000 = 240,000', 이익은 240,000원이에요.

하나를 가르쳐주니 열을 아는 걸. 맞았어. 이제 손익계산서를 마무리해보자.

손익계산서
20×1년 4월 1일 ~ 4월 30일

광고선전비	100,000	매 출	500,000
급 여	100,000		
지급임차료	60,000		
이 익	240,000		

매출이 500,000원이고 비용이 260,000원이어서 4월 중 이익이 240,000원이라 이거군요.

그렇지! 이제는 재무상태표라고 하는 양식에 자산, 부채, 자본을 옮겨보자.

재무상태표
20×1년 4월 30일 현재

현 금	670,000	미지급금	80,000
매출채권	100,000	자본금	1,000,000
비 품	500,000		
소모품	50,000		
	1,320,000		1,080,000

 어? 왼쪽 합계는 1,320,000원인데 오른쪽 합계는 1,080,000원이에요. 잔액시산표에서는 좌우가 맞았는데, 틀린 거예요?

 아니, 아직 완성이 안 돼서 그런 거야. 사업을 하면서 생긴 이익을 빼먹었거든. 이익만큼 좌우의 합계가 차이가 발생한 거지. 이때에는 이익만큼을 자본에 가산해야 하는데, 이 이익을 '이익잉여금'이라고 불러.

재무상태표
20×1년 4월 30일 현재

현 금	670,000	미지급금	80,000
매출채권	100,000	자본금	1,000,000
비 품	500,000	이익잉여금	240,000
소모품	50,000		
	1,320,000		1,320,000

와! 이제 좌우가 일치해요. 결국 회사의 자산은 1,320,000원, 부채는 80,000원, 그리고 자본은 1,240,000원이네요.

 이것으로 재무상태표를 완성하면 다음과 같이 돼.

재무상태표
20×1년 4월 30일 현재

현 금	670,000	미지급금	80,000
매출채권	100,000	**부채총계**	80,000
비 품	500,000	자본금	1,000,000
		이익잉여금	240,000
소모품	50,000	**자본총계**	1,240,000
자산총계	1,320,000	**부채및자본총계**	1,320,000

 휴! 정말 힘들었어요. 그런데 아빠, 실무에서도 이렇게 일일이 손으로 다 계산해야 해요?

 아니야! 요즘은 회계 관련 소프트웨어가 잘 개발되어 있어서 분개만 하면 프로그램이 알아서 전기도 해주고 손익계산서와 재무상태표 등의 재무제표까지 단번에 해결해줘.

그러면 이렇게까지 힘들게 공부할 필요가 없잖아요. 분개만 하면 되지.

 그렇게 생각할 수도 있겠구나. 실제로 컴퓨터 학원 같은 곳에서 회계프로그램을 가르치면서 회계의 본질보다는 소프트웨어 조작방법에 더 집중하고들 있지. 학생들도 회계프로그램 사용법 습득에 더 열중하기도 하고 말이다. 하지만 이러한 회계의 과정을 제대로 이해하지 못하면 오류가 발생했을 때 해결할 수가 없지 않겠니?

 그렇군요.

 자! 이제 지금까지 배운 것을 간단히 요약해보자. 처음에 우리가 한 작업을 '분개'라고 부른다고 했지. 분개를 기록한 장부(帳簿)를 '분개장(分介帳)'이라고 해. 회계학에서는 장부를 '원장(元帳, Ledger)'이라고 부르기도 한다. 그리고 분개한 것을 옮겨 쓰는 것을 '전기(轉記, Posting)'라고 해.

 글자 그대로 옮겨 쓴다는 뜻이네요. 영어가 더 이해하기 쉽네.

위인전 전기(傳記)나 불 켜는 전기(電氣)라고 생각한 거야?

 설마요, 하하.

이렇게 옮겨 쓴 장부를 '총계정원장(總計定元帳, General Ledger)'이라고 불러. 현금만 옮겨 썼던 거 기억하지?

현 금

4/01	1,000,000	4/02	400,000
4/10	200,000	4/15	70,000
4/28	200,000	4/25	100,000
		4/29	100,000
		4/30	60,000
	1,400,000		730,000

 바로 현금의 총계정원장이지. 장부의 형식을 영어 대문자 'T'자를 이용하여 간단하게 표시한다고 해서 'T계정'이라고 불러.

 계정이요? 그건 또 뭐예요?

 앞에서 자산에는 현금, 비품, 매출채권 등 여러 가지가 있다고 했지? 회계에서는 세부적으로 구분된 거래기록의 개별단위를 '계정(計定, Account)'이라고 불러. 즉, 자산, 부채, 자본, 수익, 비용의 세부항목들이 계정이지. 요약하면 다음과 같아.

구 분		계정과목
재무상태표 계정	자 산	현금, 예금, 매출채권, 상품, 대여금, 토지, 건물, 비품, 소모품
	부 채	매입채무, 미지급금, 차입금
	자 본	자본금, 이익잉여금
손익계산서 계정	수 익	매출, 이자수익, 수입임대료
	비 용	광고선전비, 급여, 지급임차료, 이자비용, 매출원가

그 외에도 특정시점의 모든 계정별 금액을 하나의 표에 옮겨놓은 '시산표(試算表, Trial Balance)'도 있어. 그 중에 총계정원장의 각 계정 합계와 잔액을 다시 옮겨 쓴 것은 '합계잔액시산표(Compound Trial Balance)'라고 해. 또 합계잔액시산표에서 다시 잔액만 떼어서 기록한 것은 '잔액시산표(Balance Trial Balance)'라고 하고.

이런 과정을 거친 후에는 결국 최종적으로 손익계산서와 재무상태표가 작성되는 거군요?

그렇지. 재무상태표와 손익계산서를 통칭해서 '재무제표(財務諸表, Financial Statements)'라고 하는데, 여기에서 '제(諸)표'는 '여러 가지 표'라는 의미를 가지고 있어. 결국 회계정보는 재무상태와 경영성과를 나타내는 정보라고 봐야 해. 경영성과는 손익계산서로, 재무상태는 재무상태표로 확인하는 거지. 과거에는 재무상태표를 대차대조표라고 불렀단다.

재무상태표와 손익계산서 말고 다른 재무제표도 있나요?

현금흐름표, 자본변동표 등이 있어. 하지만 그건 좀 더 공부해야 알 수 있으니까 지금은 그런 것들이 있다고만 기억하고 넘어가자.

요약하기!

회계의 과정

1단계	분 개
2단계	전 기
3단계	합계잔액시산표
4단계	잔액시산표
5단계	손익계산서 작성
6단계	재무상태표 작성

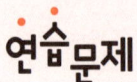

연습문제

01. 다음 중 거래의 종류가 나머지 셋과 다른 거래는?

① 현금 1,000,000원과 건물 2,000,000원을 출자하여 영업을 개시하다.

② 상품 500,000원을 외상으로 매입하다.

③ 거래처에 비품 500,000원을 장부금액으로 매각하고 150,000원은 현금으로 받고 잔액은 1개월 후에 받기로 하다.

④ 월말에 영업용 매장에 대한 임차료 200,000원과 종업원에 대한 급여 1,000,000원을 현금으로 지급하다.

답 ④

- ①, ②, ③은 자산·부채·자본의 교환거래이다.
- ④는 손익거래(수익, 비용계정이 포함된 거래)이다.

① (차) 현 금　　　　1,000,000　　(대) 자본금　　　　3,000,000
　　　건 물　　　　2,000,000　　　　　(자본의 증가)
　　　(자산의 증가)

② (차) 상 품　　　　500,000　　(대) 외상매입금　　500,000
　　　(자산의 증가)　　　　　　　또는 매입채무
　　　　　　　　　　　　　　　　　(부채의 증가)

③ (차) 현 금　　　　150,000　　(대) 비 품　　　　500,000
　　　미수금　　　　350,000　　　　　(자산의 감소)
　　　(자산의 증가)

④ (차) 지급임차료　　200,000　　(대) 현 금　　　　1,200,000
　　　급 여　　　　1,000,000　　　　　(자산의 감소)
　　　(비용의 발생)

02. 다음 중 손익계산서에 영향을 미치지 않는 거래는?

① 외상매출금 600,000원이 보통예금 통장으로 입금되다.

② 월말이 되어 경비용역수수료 50,000원을 현금지급하다.

③ 거래처직원이 방문하여 외부식당에서 점심식사 20,000원을 대접하고 현금지급하다.

④ 불우이웃돕기 성금을 1,000,000원 현금지급하다.

답 ①

• 외상대금이 회수된다고 수익은 아니다.

① (차) 보통예금	600,000	(대) 외상매출금	600,000
(자산의 증가)		(자산의 감소)	
② (차) 지급수수료	50,000	(대) 현 금	50,000
(비용의 발생)		(자산의 감소)	
③ (차) 접대비	20,000	(대) 현 금	20,000
(비용의 발생)		(자산의 감소)	
④ (차) 기부금	1,000,000	(대) 현 금	1,000,000
(비용의 발생)		(자산의 감소)	

03. 다음 중 재무상태표의 구성항목 중 자본을 증감시키는 거래가 아닌 것은?

① 상품 1,000,000원(원가 800,000원)을 외상으로 판매하였다.

② 직원회식비로 100,000원을 카드로 결제하였다.

③ 외상매출금 500,000원을 현금으로 수령하였다.

④ 유상증자*를 통해 보통주 주식 1억원을 발행하였다.

답 ③

① (차) 매출채권   1,000,000   (대) 매 출   1,000,000
　　　매출원가   800,000   상 품   800,000
　　　(이익 발생 → 자본(이익잉여금) 증가)

② (차) 복리후생비   100,000   (대) 미지급금   100,000
　　　(비용 발생 → 자본(이익잉여금) 감소)

③ (차) 현 금   500,000   (대) 매출채권   500,000
　　　(자산의 증가)   (자산의 감소)

④ (차) 현 금   100,000,000   (대) 자본금   100,000,000
　　　(자산의 증가)   (자본의 증가)

*유상증자(有償增資) : 현금 등 자산이 회사에 불입되면서 자본이 증가하는 거래

04. 다음은 거래요소 중 일부이다. 올바른 거래를 나타내는 것은?

> **보기**
>
> ⓐ (차) 자산의 증가   ×××   (대) 자본의 증가   ×××
> ⓑ (차) 부채의 감소   ×××   (대) 부채의 증가   ×××
> ⓒ (차) 자본의 감소   ×××   (대) 자산의 감소   ×××
> ⓓ (차) 비용의 발생   ×××   (대) 자산의 감소   ×××

① ⓐ – 상품을 외상으로 매입하다.
② ⓑ – 차입금을 현금으로 상환하다.
③ ⓒ – 사채*에 대한 이자를 현금으로 지급하다.
④ ⓓ – 급여를 현금으로 지급하다.

답 ④

　① (차) 상 품　　　×××　(대) 외상매입금　×××
　　　　(자산의 증가)　　　　　　(부채의 증가)

　② (차) 차입금　　　×××　(대) 현 금　　　×××
　　　　(부채의 감소)　　　　　　(자산의 감소)

　③ (차) 이자비용　　×××　(대) 현 금　　　×××
　　　　(비용의 발생)　　　　　　(자산의 감소)

　④ (차) 급 여　　　×××　(대) 현 금　　　×××
　　　　(비용의 발생)　　　　　　(자산의 감소)

*사채(社債) : 회사가 일정한 날 원금과 이자를 지급하겠다는 약속을 하고 발행한 유가증권

연습문제

05. 다음 거래요소에 대한 결합관계가 잘못 이루어진 것은?

① 금융기관에서 1,000,000원을 차입하다 : 자산감소 − 부채증가
② 상품 500,000원을 외상구입하다 : 자산증가 − 부채증가
③ 유류대 100,000원을 현금지급하다 : 비용발생 − 자산감소
④ 차입금에 대한 이자 50,000원이 보통예금 계좌에서 인출되다 :
비용발생 − 자산감소

답 ①
- (차) 현 금   1,000,000   (대) 차입금   1,000,000
  　　(자산의 증가)   　　(부채의 증가)

② (차) 상 품   500,000   (대) 외상매입금   500,000

③ (차) 차량유지비   100,000   (대) 현 금   100,000

④ (차) 이자비용   50,000   (대) 보통예금   50,000

06. 차입금 1억원을 상환하는 동시에 이자비용 100만원을 현금으로 지급한 경우 나타나지 않는 거래요소는 무엇인가?

① 자산의 감소   ② 비용의 발생
③ 부채의 감소   ④ 자산의 증가

답 ④
- (차) 차입금   100,000,000   (대) 현 금   100,000,000
  　　(부채의 감소)   　　(자산의 감소)
  　　이자비용   1,000,000   현 금   1,000,000
  　　(비용의 발생)   　　(자산의 감소)

07. 다음의 거래에서 발생하지 않는 거래요소는?

> **보기**
>
> A사는 업무용 복사기를 구입하고 대금 중 일부는 현금으로 지급하고 잔액은 월말에 지급하기로 한다.

① 자산의 증가   ② 자산의 감소

③ 부채의 증가   ④ 비용의 발생

답 ④

- (차) 비 품   ×××   (대) 현 금   ×××
  (자산의 증가)   미지급금   ×××
                                (자산의 감소 + 부채의 증가)

08. 다음 중 자본 증가의 원인이 되는 계정만으로 짝지은 것은?

① 임대료, 이자수익, 잡이익

② 이자비용, 잡손실, 수선비

③ 급여, 소모품비, 세금과공과

④ 외상매입금, 미지급금, 보험료

답 ①

① 수익계정
② 비용계정
③ 비용계정
④ 외상매입금·미지급금은 부채, 보험료는 비용

재무제표를 보면 회사가 보인다

― 재무제표의 공시

01 재무제표의 공시

아빠! 재무제표를 작성하는 과정은 좀 이해가 되는데, 실무에서 그런 과정을 어떻게 해야 하는지 실감이 나지 않아요.

그렇다면 실제 작성된 재무제표를 한번 볼래? 재무제표는 모든 회사가 공개하는 것은 아니고 법에서 정한 회사의 경우 인터넷상에 재무제표를 공시해야 해. 그렇게 하면 누구나 그 회사의 재무제표를 볼 수 있지.

어떤 회사들이 의무적으로 공시해야 하는 건데요?

일단 상장회사가 그래. 상장회사는 간단히 말해서 일간신문에 매일 주가가 나오는 회사들이야. 주식시장에 나온 회사들의 주식은 일반인들도 언제든 사고팔 수 있다 보니 당연히 이해관계자도 많을 수밖에 없지 않겠어? 그래서 재무제표를 공시하도록 하는 거야. 상장회사들은 3개월에 한 번씩 재무제표를 공시하도록 정하고 있단다. 재무제표는 인터넷 포털사이트에서 '전자공시시스템'이라고 검색하면 나와. 요즘은 모바일 앱으로도 볼 수 있지.

정말 편리하네요. 그러면 어떤 회사를 찾아볼까요?

 궁금한 회사 있어?

 인터넷 검색할 때 맨날 보게 되는 '네이버'에 대해서 알고 싶은데요.

 한번 찾아볼까? 전체 재무제표는 감사보고서를 찾으면 되는데, 요약 재무정
보는 사업보고서에서도 확인할 수 있어.

(단위 : 백만원)

구 분	제26기 (2024년 12월말)	제25기 (2023년 12월말)	제24기 (2022년 12월말)
[유동자산]	9,374,912	7,028,076	6,439,571
· 현금및현금성자산	4,195,525	3,576,456	2,724,168
· 단기금융상품	2,859,768	808,248	1,216,410
· 매출채권및기타채권	1,655,221	1,724,146	1,540,471
· 기타	664,398	919,226	958,522
[비유동자산]	28,792,964	28,709,751	27,459,472
· 투자자산	20,917,929	21,261,634	22,337,275
· 유형자산	2,909,592	2,741,621	2,457,820
· 무형자산	3,657,186	3,445,600	1,481,424
· 기타비유동자산	1,308,257	1,260,896	1,182,953
자산총계	38,167,876	35,737,827	33,899,043
[유동부채]	6,092,161	6,305,569	5,480,634
[비유동부채]	5,074,803	5,194,259	4,968,086
부채총계	11,166,964	11,499,828	10,448,720
[지배기업 소유주지분]	25,459,904	23,206,042	22,744,095
· 자본금	16,481	16,481	16,481
· 자본잉여금	1,422,685	1,242,632	1,556,453
· 기타자본구성요소	−1,944,224	−2,597,430	−2,474,526
· 이익잉여금	25,964,962	24,544,359	23,645,687
[비지배지분]	1,541,008	1,031,957	706,228
자본총계	27,000,912	24,237,999	23,450,323

구 분	2024년 1월~12월	2023년 1월~12월	2022년 1월~12월
영업수익	10,737,719	9,670,644	8,220,079
영업이익	1,979,263	1,488,820	1,304,664
계속영업순이익	1,931,976	985,018	673,180
당기순이익	1,931,976	985,018	673,180
지배회사지분순이익	1,923,237	1,012,322	760,261
비지배지분순이익	8,739	−27,304	−87,081
기본주당순이익(단위 : 원)	12,702	6,661	5,007
희석주당순이익(단위 : 원)	12,553	6,576	4,985
연결에 포함된 종속 회사수	82	103	100

 이 표를 보고 2024년 기말 현재 회사의 자산, 부채, 자본이 얼마인지 억(億) 단위로 각각 말해볼래?

 자산이 약 38조 1,679억원, 부채가 약 11조 1,670억원, 자본이 약 27조원이네요.

 그래, 매출이랑 영업이익은 각각 약 10조 7,378억원과 1조 9,793억원이지.

 매출이 아니고 영업수익 아니에요?

	매출액
−	매출원가
	매출총이익
−	판매비와관리비
	영업이익
+	영업외수익
−	영업외비용
	법인세차감전순이익
−	법인세비용
	당기순이익

 영업수익이 매출을 의미하는 거야. 매출액에서 매출원가를 차감한 것을 매출총이익이라고 부르고, 매출총이익에서 판매비와 관리비를 차감한 것을 영업이익이라고 불러. 또 영업이익에서 다시 영업외수익을 더하고 영업외비용을 차감하면 법인세차감전순이익이 산출되는데, 이 법인세차감전순이익은 세전이익이라고도 부르지. 세전이익에서 법인세비용을 차감한 것이 당기순이익이야.

어휴! 복잡하네요. 당기순이익뿐만 아니라 매출총이익, 영업이익, 세전이익도 중요하겠어요.

맞아. 굳이 중요성을 따진다면 당기순이익 다음으로 영업이익이라고 봐야겠지. 왜냐하면 설령 회사가 당기순손실을 내더라도 영업이익이 크다면 미래 전망은 양호하다고 볼 수 있을 테니까 말이야.

영업이익은 꼭 공시해야 해요?

국제회계기준에서는 원래 영업손익의 구분표시를 요구하지 않아. 하지만 우리나라 상장기업의 경우 영업손익에 대한 상장유지 조건이 있기 때문에 재무제표에 영업손익이 구분표시가 되지 않으면 상장유지 또는 상장폐지의 결정에 문제가 발생하거든. 그래서 한국채택국제회계기준에서는 영업손익 표시를 의무화하고 있어.

그러면 상장회사들은 상장유지를 위해 억지로 영업이익을 내려고 하는 경우도 있겠네요?

맞아, 이런 일도 있었어. 아빠 동료가 회계감사하던 어느 상장회사의 창고에서 연말이 거의 다 된 시점에 원인 모를 화재가 발생했지. 화재로 회사가 보관하고 있던 상품재고가 거의 전소되었는데, 그 재고들은 사실 장기간 팔리지 않아서 당기에 손실처리가 불가피했던 상황이었거든. 이런 재고자산들로 인한 손실은 원칙적으로 매출원가에 가산해서 처리하기 때문에 영업이익을 감소시키게 돼.

재고자산이 불에 타서 없어지면 달라져요?

그게 요점이야. 화재라면 재해손실에 해당하고 영업외비용으로 처리하니까 매출원가가 증가하는 일도 없고, 그로 인한 영업이익의 감소도 발생하지 않아.

그러면 고의로 방화한 거예요?

의심이 들었지만 증거는 없었어.

별일이 다 있네요.

02 시가총액

그나저나 네이버의 이익규모가 엄청나네요. 자본이 약 27조원이니까 회사를 사려면 27조원을 줘야 살 수 있겠네요.

아쉽게도 그건 아니야.

에? 재무제표에 그렇게 나오는데요.

주식시장에서 형성되는 주가는 실시간 계속 변하거든. 아래 표를 보렴.

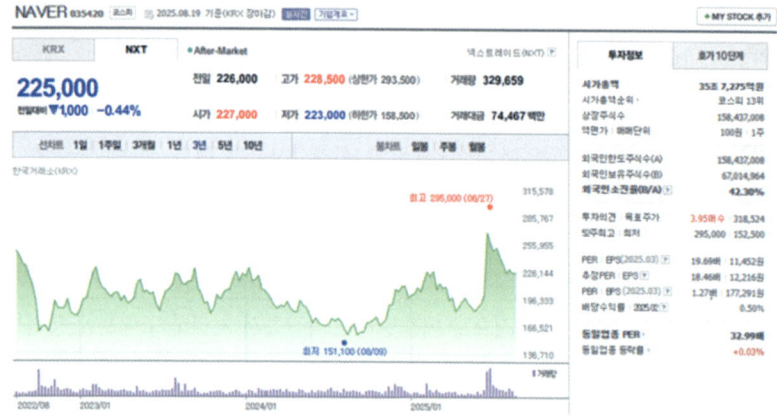

어디서 이런 표를 찾았어요?

인터넷 포털사이트에 가면 다 있어. 자, 표를 보면 회사가 발행한 주식수가 약 1억 6천만주인데 주가가 22만 5천원이야. 그러니 이 주식들을 모두 매입하려면 27조원으로는 부족하겠지?

 그러네요.

이렇게 회사가 발행한 주식의 전체 가치를 '시가총액(時價總額, Market Capitalization)'이라고 하는데, 회사의 자본총계와 시가총액이 전혀 관련이 없다고 할 수는 없지만 회사의 성장전망에 따라 크게 차이가 나는 경우가 더 많아.

신기하고 재미있는데요.

자! 그러면 이번에는 우리나라에서 시가총액이 가장 큰 회사를 찾아볼까?

어떤 회사죠?

현재는 삼성전자야. 재무제표부터 검색해보자.

구 분	제56기 2024년 12월말	제55기 2023년 12월말	제54기 2022년 12월말
[유동자산]	227,062,266	195,936,557	218,470,581
· 현금및현금성자산	53,705,579	69,080,893	49,680,710
· 단기금융상품	58,909,334	22,690,924	65,102,886
· 기타유동금융자산	36,877	635,393	443,690
· 매출채권	43,623,073	36,647,393	35,721,563
· 재고자산	51,754,865	51,625,874	52,187,866
· 기타	19,032,538	15,256,080	15,333,866
[비유동자산]	287,469,682	259,969,423	229,953,926
· 기타비유동금융자산	11,756,681	8,912,691	12,802,480
· 관계기업 및 공동기업 투자	12,592,117	11,767,444	10,893,869
· 유형자산	205,945,209	187,256,262	168,045,388
· 무형자산	23,738,566	22,741,862	20,217,754
· 기타	33,437,109	29,291,164	17,994,435
자산총계	514,531,948	455,905,980	448,424,507
[유동부채]	93,326,299	75,719,452	78,344,852
[비유동부채]	19,013,579	16,508,663	15,330,051
부채총계	112,339,878	92,228,115	93,674,903
[지배기업 소유주지분]	391,687,603	353,233,775	345,186,142
· 자본금	897,514	897,514	897,514
· 주식발행초과금	4,403,893	4,403,893	4,403,893
· 이익잉여금	370,513,188	346,652,238	337,946,407
· 기타	15,873,008	1,280,130	1,938,328
[비지배지분]	10,504,467	10,444,090	9,563,462
자본총계	402,192,070	363,677,865	354,749,604

(단위 : 백만원)

구 분	2024년 1월~12월	2023년 1월~12월	2022년 1월~12월
매출액	300,870,903	258,935,494	302,231,360
영업이익	32,725,961	6,566,976	43,376,630
연결총당기순이익	34,451,351	15,487,100	55,654,077
· 지배기업 소유주지분	33,621,363	14,473,401	54,730,018
· 비지배지분	829,988	1,013,699	924,059
기본주당순이익(단위 : 원)	4,950	2,131	8,057
희석주당순이익(단위 : 원)	4,950	2,131	8,057
연결에 포함된 회사수	229개	233개	233개

2024년 말 자산이 약 515조원, 부채가 약 112조원, 그래서 자본이 약 402조원 이네요. 매출은 약 301조원이고, 영업이익은 33조원이고, 정말 어마어마 하네요. 시가총액이 414조원이나 돼요. 아 그런데 자본총계는 402조원밖에 되지 않아요. 네이버 시가총액이 자본총계의 약 1.32배인데 삼성전자의 시가총액은 자본총계의 약 1.03배네요.

좋은 지적이야. 시가총액을 자본총계로 나눈 것을 'PBR(Price Book-value Ratio, 주당순자산가치)'이라고 하는데 과거에는 네이버가 월등히 높았지만 현재에는 비슷한 수준이 되었지.

 PBR이 높다는 것은 어떤 의미이죠?

 여러 가지 의미가 있겠지만 주식시장에서 성장잠재력을 인정받은 거라고 봐야겠지.

03 부실기업의 확인

이번에는 형편이 어려운 회사도 한번 찾아보자. 어디가 좋겠니?

요즘 조선업이 어렵다던데, 대우조선해양을 찾아볼까요?

(단위 : 백만원)

구 분	제22기 (2021년 12월 말)	제21기 (2020년 12월 말)	제20기 (2019년 12월 말)
[유동자산]	6,481,079	5,953,237	6,871,061
· 현금및현금성자산	1,778,940	1,343,559	2,012,239
· 매출채권및기타채권	345,122	675,749	369,428
· 계약자산	1,936,517	2,175,886	2,210,899
· 재고자산	1,139,096	963,311	1,159,031
· 기타	1,281,404	794,732	1,119,464
[비유동자산]	4,142,130	4,367,537	4,405,018
· 관계기업및공동약정	3,989	4,578	6,926
· 장기매출채권및기타채권	103,932	77,524	91,717
· 유형자산	3,469,403	3,667,875	3,694,459
· 기타	564,806	617,560	611,916
자산총계	10,623,209	10,320,774	11,276,079
[유동부채]	7,464,468	5,162,709	4,807,538
[비유동부채]	941,158	1,289,095	2,713,644
부채총계	8,405,626	6,451,804	7,521,182
[지배기업 소유주 지분]	2,217,583	3,868,970	3,754,897
· 자본금	541,453	541,453	541,029
· 기타불입자본	16,929	16,929	17,387
· 신종자본증권	2,332,832	2,332,832	2,332,832
· 기타자본구성요소	327,645	302,489	305,238
· 이익잉여금	△1,001,276	675,267	558,411
[비지배지분]	–	–	–
자본총계	2,217,583	3,868,970	3,754,897

[△는 부(–)의 수치임]

구 분	2021년 1월~12월	2020년 1월~12월	2019년 1월~12월
매출액	4,486,586	7,030,175	8,358,745
영업이익(손실)	△1,754,651	153,437	292,761
당기순이익(손실)	△1,699,829	86,573	△46,485
지배기업의 소유주지분	△1,699,829	86,573	△46,485
비지배지분	–	–	–
주당순이익(손실)(원)			
기본주당순이익(손실)	△16,072	584	△655
희석주당순이익(손실)	△16,072	525	△655
중단영업 기본및희석주당순손익		–	–
연결에 포함된 종속회사수	4	4	4

[△는 부(–)의 값임]

🧑 2021년 말 현재 자산, 부채, 자본이 얼마인지 말해볼래?

👧 자산이 약 10조 6,232억원, 부채가 8조 4,056억원이네요. 그래서 자본이 2조 2,176억원이구요. 회사가 어렵다더니 부채가 많긴 하지만 그래도 자본이 마이너스는 아니네요.

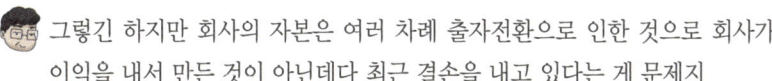 그렇긴 하지만 회사의 자본은 여러 차례 출자전환으로 인한 것으로 회사가 이익을 내서 만든 것이 아닌데다 최근 결손을 내고 있다는 게 문제지.

출자전환이 뭐예요?

채권자들이 빚을 자본으로 전환시키는 것을 말해. 2017년 한 해에만도 약 2조 9천억원의 빚을 자본으로 전환시켰단다.

좀 어렵네요.

차차 배우게 될 거야. 그리고 거래중지 중이던 주식도 거래가 재개되고 주가도 많이 올랐지. 이젠 회사의 주인이 바뀌어 상호도 '한화오션'으로 변경되었어.

(단위 : 백만원)

구 분	제25기 2024년 12월말	제24기 2023년 12월말	제23기 2022년 12월말
[유동자산]	11,246,034	9,217,524	7,822,464
· 현금및현금성자산	588,260	1,799,308	659,721
· 매출채권및기타채권	894,491	332,546	404,742
· 계약자산	4,986,596	2,517,851	2,566,075
· 재고자산	2,779,695	2,890,783	2,202,076
· 기타	1,996,992	1,677,036	1,989,850
[비유동자산]	6,597,775	4,727,249	4,413,201
· 관계기업및공동기업	324,219	4,243	3,695
· 장기매출채권및기타채권	267,215	273,802	203,539
· 유형자산	4,648,354	4,062,171	3,786,680
· 기타	1,357,987	387,033	419,287
자산총계	17,843,809	13,944,773	12,235,665
[유동부채]	10,346,614	7,459,444	10,672,486
[비유동부채]	2,633,845	2,173,172	818,207
부채총계	12,980,459	9,632,616	11,490,693
[지배기업 소유주 지분]	4,858,676	4,307,452	744,972
· 자본금	1,537,067	1,536,794	541,453
· 자본잉여금	118,689	2,740,230	10,129
· 자본조정	6,457	6,800	6,800
· 신종자본증권	2,332,832	2,332,832	2,332,832
· 기타포괄손익누계액	627,183	558,953	554,468
· 이익잉여금(결손금)	236,448	△2,868,157	△2,700,710
[비지배지분]	4,674	4,705	–
자본총계	4,863,350	4,312,157	744,972

[△는 부(–)의 값임]

(단위 : 백만원)

구 분	2024년 1월~12월	2023년 1월~12월	2022년 1월~12월
매출액	10,776,005	7,408,312	4,860,150
영업이익(손실)	237,876	△196,498	△1,613,565
당기순이익(손실)	528,213	160,044	△1,744,778
지배기업의 소유주	528,119	159,886	△1,744,778
비지배지분	94	158	–
주당순이익(손실)(원)			
기본주당순이익(손실)	1,648	736	△16,493
희석주당순이익(손실)	1,449	659	△16,493
중단영업 기본및희석주당순손익	–	–	–
연결에 포함된 종속회사수	16	6	4

[△는 부(–)의 값임]

자 어때? 지금 재무제표를 보니 과거 부실기업이었던 흔적이 다 사라졌지.

정말 그렇네요.

아빠! 기사를 보니까 정부가 도와준다고 하던데 이런 부실기업을 왜 살려야 하는 거예요?

 부실한 기업을 지원해야 하느냐의 문제는 항상 논란이 돼. 가장 큰 문제는 부실기업에 대한 지원이 현대중공업과 삼성중공업과 같은 경쟁사에 불리하게 작용해서 동반부실을 가져올 수 있다는 거야.

 왜 동반부실을 가져오는데요?

 금융기관의 지원을 받은 기업들은 가동률을 높이기 위해서 지나치게 저가로 수주하는 경우가 많거든. 하지만 부정적인 측면만 있는 것은 아니야. 당장 회사가 문을 닫으면 임직원들의 생계도 큰 문제가 되니까. 혹시 하이닉스반도체란 회사 아니?

 잘 몰라요.

 현대그룹 계열사였는데 부실화되어서 상당기간 어려움을 겪었지. 해외매각도 자주 거론되었고. 하지만 이제 정상화되어 SK그룹에 인수되었어. 현재 삼성전자와 하이닉스반도체가 세계 반도체시장을 주도하고 있으니 결국은 잘된 일이지.

 그렇군요.

 그런 사례들은 비일비재해. 대우그룹의 모태가 되었던 ㈜대우 재무제표를 한번 살펴볼까? 1998년과 1999년의 자본총계에 주목해봐.

구 분	2000년 12월 말	1999년 12월 말	1998년 12월 말
당좌자산	646,638,752	7,654,072,065	16,755,945,721
재고자산	101,428	1,433,187,206	2,304,416,123
유동자산(계)	646,740,180	9,087,259,271	19,060,361,844
투자자산	554,165,611	2,029,291,528	5,730,980,044
유형자산	22,206,531	1,666,551,033	1,627,163,992
무형자산	–	81,885,752	70,249,934
이연자산	–	–	245,791,710
고정자산(계)	576,372,142	3,777,728,312	7,674,185,681
자산총계	1,223,112,322	12,864,987,583	26,734,547,525
유동부채	1,410,123,113	18,556,183,383	14,568,520,388
고정부채	13,844,373,600	11,727,436,731	8,178,531,223
이연부채	–	–	96,246,364
부채총계	15,254,496,713	30,283,620,114	22,843,297,975
자본금	1,173,140,405	707,740,405	575,712,900
자본잉여금	–	1,086,971,974	1,115,890,611
이익잉여금	−14,917,022,920	−19,919,657,690	606,388,317
(당기순이익)	3,805,010,266	−20,236,592,259	88,247,982
자본조정	−287,501,876	706,312,780	1,593,257,722
자본총계	−14,031,384,391	−17,418,632,531	3,891,249,550

 1999년에 당기순손실이 20조원이고 자기자본은 - 17조원이네요. 세상에!

 그런데 이런 회사가 정상화되었어. 이유가 뭘까?

이익을 많이 낸다고 해도 이 정도라면 정상화는 불가능할 것 같은데….

 맞아, 결국 채권자, 그중에서도 채권금융기관들이 빚을 탕감해준 덕분이었지. 물론 그 때문에 구조조정 과정에서 문을 닫은 금융기관도 있었어. 하지만 몇몇 은행은 정부에서 추가 출자를 해줘서 살아날 수 있었지.

 정부에서 도와줬다면 세금이 사용됐다는 거잖아요?

 그래, 그래서 부실기업의 정상화에 대한 부담은 결국 국민들이 떠안게 돼.

 요약하기!

- 상장회사 및 법령에 따라 재무제표를 공시하는 회사의 재무제표는 금융감독원 전자공시시스템 사이트나 모바일 앱 '금융감독원 모바일 전자공시'에서 확인할 수 있다.
- 시가총액이란 회사가 발행한 주식의 전체 가치를 의미한다.
- 부실기업의 회생을 위해서는 채권자들의 채무감면이 필요하다. 그러나 금융기관들의 동반 부실화를 초래하여 결국 국민 부담으로 전가되기 쉽다.

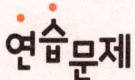

연습문제

01. 서울상점의 20×1년도 하반기 영업이익이 전반기와 비교하여 감소했다면
그 원인이 될 수 있는 것으로 옳은 것은?

① 영업용 건물에 대한 화재보험료가 증가하였다.

② 창고에 보관 중인 상품이 화재로 인하여 소실되었다.

③ 단기차입금에 대한 이율이 인상되어 이자비용이 증가하였다.

④ 소유하고 있던 당기손익금융자산을 장부금액보다 낮게 처분하였다.

답 ①

- 화재보험료 : 판매비와관리비

-

매 출	
− 매출원가	: 상품매출원가, 제품매출원가 등
매출총이익	
− 판매비와관리비	: 영업부 · 관리부 관련비용(보험료, 임차료, 급여 등)
영업이익	
+ 영업외수익	: 이자수익, 유형(투자)자산처분이익, 잡이익 등
− 영업외비용	: 이자비용, 유형(투자)자산처분손실, 재해손실, 잡손실 등
법인세차감전순이익	
− 법인세비용	
당기순이익	

② 재해손실

③ 영업외비용(이자비용)

④ 영업외비용(당기손익금융자산처분손실)

거래가 아닌 거래도 있어요

— 회계상 거래

 아빠! 커피전문점에 알바 자리 구했어요.

오! 축하해. 그런데 좀 힘들지 않겠니? 아빠가 학교에서 강의하다 보면 알바 때문에 공부를 제대로 하지 못하는 학생들이 많더라고. 돈 번다고 학업을 소홀히 해서는 안 돼.

어휴, 또 잔소리! 잘 알아요. 방학 때만 할 거고요, 벌써 근로계약서도 썼어요.

그렇다면 응원해줘야지. 그런데 커피전문점에서 너를 채용하기로 결정한 근로계약을 회계상으로 기록해야 할까?

당연히 기록해야 하는 것 아니에요?

땡! 근로계약은 회계상 거래에 해당하지 않기 때문에 기록할 수 없어. 회사의 재산상태에 어떠한 변동도 없었으니까 말이야.

그렇구나. 일반적인 거래와 회계상의 거래는 다르다는 말이군요.

그렇지. 반면 일반적인 거래로 볼 수 없지만 회계상으로는 거래에 해당하는 것도 있어. 가령 공장건물에 화재가 발생해서 모두 불타버렸다면 일반적인 거래는 아니지?

그렇죠. 불하고 회사가 거래한 것은 아니니까요.

하지만 공장화재로 인해 자산이 감소했기 때문에 회계상 거래에 해당해. 물품을 도난당했다면 마찬가지로 자산이 감소한 것이기 때문에 회계상 거래가 돼.

그런데 그 사이 전에 배운 걸 다 잊은 것 같아요.

그러면 오늘은 지금까지 배운 것을 간단히 복습해보자. 자, 다음 문제의 분개부터 해볼래?

다음은 경영컨설팅 용역제공을 주업으로 20×1년 10월 말에 설립된 ㈜서울컨설팅에서 발생한 거래이다. ㈜서울컨설팅의 결산일은 12월 31일이다.

- 10월 31일 : 현금 100,000원을 출자하여 ㈜서울컨설팅을 설립하다.
- 11월 1일 : 사무실을 임차하면서 보증금 40,000원을 현금으로 지급하다. 임차료는 매월 2,000원으로 하여 다음 달 2일에 지급하기로 하다.
- 11월 6일 : 사무용 비품 60,000원을 취득하고 10,000원을 현금으로 지급하고, 잔액은 외상으로 하다.
- 11월 10일 : 은행으로부터 50,000원을 1년간 차입하다.
- 11월 15일 : 경영컨설팅 용역 25,000원을 외상으로 제공하다.
- 11월 25일 : 직원급여 5,000원을 현금으로 지급하다.
- 12월 1일 : 사무실 화재보험에 가입하면서 1년 보험료 12,000원을 현금으로 지급하고 이를 모두 비용으로 처리하다.
- 12월 2일 : 11월분 사무실 임차료를 지급하다.
- 12월 10일 : 비품 취득 시 미지급한 대금 중 30,000원을 지급하다.
- 12월 20일 : 경영컨설팅 용역 40,000원을 제공하면서 이 중 15,000원은 현금으로 수령하고 잔액은 외상으로 하다.
- 12월 24일 : 직원급여 7,000원을 현금으로 지급하다.
- 12월 30일 : 미회수한 용역대금 중 20,000원을 현금으로 수령하다.

 대충 입출금은 알겠는데, 그 상대편에 뭘 써야 하는지 잘 모르겠어요.

 그럼 하나하나 살펴볼까?

10월 31일 : 현금 100,000원을 출자하여 ㈜서울컨설팅을 설립하다.

 10월 31일 거래에서 대변에 뭐가 와야 할까?

 이 거래는 '자산의 증가 / 자본의 증가' 거래니까 자본금이 와야 해요.

10/31	(차) 현 금	100,000	(대) 자본금	100,000
	(자산의 증가)		(자본의 증가)	

11월 1일 : 사무실을 임차하면서 보증금 40,000원을 현금으로 지급하다. 임차료는 매월 2,000원으로 하여 다음 달 2일에 지급하기로 하다.

그런데 아빠, 11월 1일 거래에서 보증금은 비용이에요, 자산이에요? 보증금은 임차기간이 끝나면 돌려받게 되니까 자산 같긴 한데…. 자산이라면 보증금을 차변에 기록해야 해요?

오, 회계학적인 사고가 많이 늘었는 걸.

그래요? 그러면 지급임차료에 대한 회계처리는 필요 없나요?

사무실 임차계약만으로 회사의 자산, 부채, 자본, 수익, 비용에 변동이 없으니까 기록할 것이 없지.

임차계약도 거래인데 기록하지 않는다고요?

임차계약은 회계상 거래에 해당되지 않아. 회계상 거래와 일반적인 의미의 거래가 차이가 있거든. 예를 들어서 장부금액 10억원짜리 공장건물에 화재가 발생해서 모두 불탔다고 해봐. 그걸 거래라고 할 수 있어?

아니요.

하지만 회사의 자산이 감소했잖아. 그렇기 때문에 거래가 되는 거야. 마찬가지로 회사에 도둑이 들어서 상품을 분실했다면 그것도 거래가 되는 거야. 자산이 감소했으니까.

사무실 임차계약은 회계상 거래가 아니고 건물의 화재나 상품의 도난은 회계상 거래에 해당한다는 거네요.

11/01	(차) 임차보증금	40,000	(대) 현 금	40,000
	(자산의 증가)		(자산의 감소)	

11월 6일 : 사무용 비품 60,000원을 취득하고 10,000원을 현금으로 지급하고, 잔액은 외상으로 하다.

11월 6일 거래는 일단 차변에는 비품이 와야겠네요. 그리고 차·대변이 일치하지 않으니까…. 아, 외상이 있구나.

비품이라는 자산이 증가하고, 현금이라는 자산이 감소하는 동시에 갚아야 할 빚이 증가한 거래지.

11/06	(차) 비 품	60,000	(대) 현 금	10,000
	(자산의 증가)		미지급금	50,000
			(자산의 감소 + 부채의 증가)	

11월 10일 : 은행으로부터 50,000원을 1년간 차입하다.

이 거래는 은행에서 돈을 빌리면서 회사에 현금이 들어왔고, 그 바람에 빚도 늘었으니 대변에 부채가 와야겠어요.

맞아. 외부에서 돈을 빌린 것이기 때문에 '차입금'이라는 계정을 써야 해.

11/10	(차) 현 금	50,000	(대) 차입금	50,000
	(자산의 증가)		(부채의 증가)	

11월 15일 : 경영컨설팅 용역 25,000원을 외상으로 제공하다.

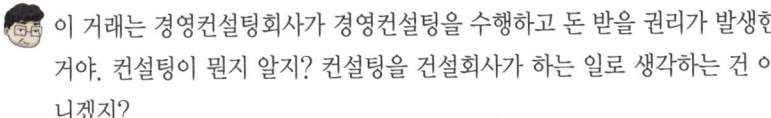 이 거래는 경영컨설팅회사가 경영컨설팅을 수행하고 돈 받을 권리가 발생한 거야. 컨설팅이 뭔지 알지? 컨설팅을 건설회사가 하는 일로 생각하는 건 아니겠지?

그건 완전 아재개그잖아요, 어휴! 컨설팅회사가 컨설팅했으니 매출이 발생한 거네요. 그러니까 대변은 매출이고… 차변은 돈을 받지는 못했지만 돈을 받을 권리가 발생한 거니까 돈을 받을 권리, 즉 매출채권의 증가를 써야겠죠.

11/15	(차) 매출채권	25,000	(대) 매 출	25,000
	(자산의 증가)		(수익의 발생)	

 그런데 아빠! 돈 받을 때 매출로 기록하면 안 되나요?

 현금을 기준으로 하는 것이 아니라 권리·의무가 생기면 기록하는 것에 유의해야 해. 앞 문제에서 광고선전비도 현금지급했을 때가 아니라 발생일에 인식했지? 마찬가지 논리야. 회계는 현금주의가 아닌 발생주의를 택하고 있으니까.

11월 25일 : 직원급여 5,000원을 현금으로 지급하다.

 이건 쉽네요. '비용의 발생 / 자산의 감소' 거래, 맞죠?

| 11/25 | (차) 급 여 | 5,000 | (대) 현 금 | 5,000 |
| | (비용의 발생) | | (자산의 감소) | |

12월 1일 : 사무실 화재보험에 가입하면서 1년 보험료 12,000원을 현금으로 지급하고 이를 모두 비용으로 처리하다.

 이것도 쉬워요. '비용의 발생 / 자산의 감소' 거래.

| 12/01 | (차) 보험료 | 12,000 | (대) 현 금 | 12,000 |
| | (비용의 발생) | | (자산의 감소) | |

12월 2일 : 11월분 사무실 임차료를 지급하다.

| 12/02 | (차) 지급임차료 | 2,000 | (대) 현 금 | 2,000 |
| | (비용의 발생) | | (자산의 감소) | |

12월 10일 : 비품 취득 시 미지급한 대금 중 30,000원을 지급하다.

 10일은 부채를 상환한 거니까 차변에는 미지급금이 와야겠죠? 그런데 외상대금 중에서 30,000원만 갚았으니까 차변에 와야 할 금액이 20,000원 아닌가요?

그렇게 복잡하게 생각할 필요 없어. 초보 수준에서는 분개할 때 잔액은 생각하지 마. 잔액은 전기하면서 자연스레 그 결과가 나오니까.

12/10	(차) 미지급금	30,000	(대) 현 금	30,000
	(부채의 감소)		(자산의 감소)	

12월 20일 : 경영컨설팅 용역 40,000원을 제공하면서 이 중 15,000원은 현금으로 수령하고 잔액은 외상으로 하다.

경영컨설팅을 제공한 거니까 11월 15일 거래랑 같은 성격이고, 대변에는 매출 40,000원이 와야겠죠? 그리고 차변에 회수 안 된 외상대금 25,000원이 기록되어야 하니까 매출채권 25,000원이 와야겠어요.

12/20	(차) 현 금	15,000	(대) 매 출	40,000
	매출채권	25,000	(수익의 발생)	
	(자산의 증가 + 자산의 증가)			

12월 24일 : 직원급여 7,000원을 현금으로 지급하다.

11월 25일 거래와 같은 내용이네요. 차변은 비용의 발생이고 대변은 자산의 감소예요.

12/24	(차) 급 여	7,000	(대) 현 금	7,000
	(비용의 발생)		(자산의 감소)	

12월 30일 : 미회수한 용역대금 중 20,000원을 현금으로 수령하다.

 외상대금을 회수한 거래니까 '자산의 증가 / 자산의 감소' 거래고, 대변에는 매출
채권이 와야겠네요.

12/30	(차) 현 금	20,000	(대) 매출채권	20,000
	(자산의 증가)		(자산의 감소)	

 지금까지 분개한 결과를 모아보면 다음과 같아.

10/31	(차) 현 금	100,000	(대) 자본금	100,000
11/01	(차) 임차보증금	40,000	(대) 현 금	40,000
11/06	(차) 비 품	60,000	(대) 현 금	10,000
			미지급금	50,000
11/10	(차) 현 금	50,000	(대) 차입금	50,000
11/15	(차) 매출채권	25,000	(대) 매 출	25,000
11/25	(차) 급 여	5,000	(대) 현 금	5,000
12/01	(차) 보험료	12,000	(대) 현 금	12,000
12/02	(차) 지급임차료	2,000	(대) 현 금	2,000
12/10	(차) 미지급금	30,000	(대) 현 금	30,000
12/20	(차) 현 금	15,000	(대) 매 출	40,000
	매출채권	25,000		
12/24	(차) 급 여	7,000	(대) 현 금	7,000
12/30	(차) 현 금	20,000	(대) 매출채권	20,000

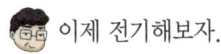 이제 전기해보자.

현 금

10/31	100,000	11/01	40,000
11/10	50,000	11/06	10,000
12/20	15,000	11/25	5,000
12/30	20,000	12/01	12,000
		12/02	2,000
		12/10	30,000
		12/24	7,000
	185,000		106,000

매출채권

11/15	25,000	12/30	20,000
12/20	25,000		
	50,000		20,000

임차보증금

11/01	40,000		
	40,000		

비 품

11/06	60,000		
	60,000		

미지급금

12/10	30,000	11/06	50,000
	30,000		50,000

차입금

		11/10	50,000
			50,000

자본금

		10/31	100,000
			100,000

매 출

		11/15	25,000
		12/20	40,000
			65,000

급 여

11/25	5,000		
12/24	7,000		
	12,000		

지급임차료

12/02	2,000	
	2,000	

보험료

12/01	12,000	
	12,000	

 이제 합계잔액시산표에 옮겨 써야지.

합계잔액시산표
20×1년 12월 31일 현재

잔 액	합 계	계정명	합 계	잔 액
79,000	185,000	현 금	106,000	
30,000	50,000	매출채권	20,000	
40,000	40,000	임차보증금		
60,000	60,000	비 품		
	30,000	미지급금	50,000	20,000
		차입금	50,000	50,000
		자본금	100,000	100,000
		매 출	65,000	65,000
12,000	12,000	급 여		
2,000	2,000	지급임차료		
12,000	12,000	보험료		
235,000	391,000	합 계	391,000	235,000

다 했어요. 양쪽의 합계랑 잔액이 각각 일치하는 것도 다 확인했어요.

 이제 잔액만 모아서 잔액시산표를 완성시켜 볼래?

잔액시산표

20×1년 12월 31일 현재

현 금	79,000	미지급금	20,000
매출채권	30,000	차입금	50,000
임차보증금	40,000	자본금	100,000
비 품	60,000	매 출	65,000
급 여	12,000		
지급임차료	2,000		
보험료	12,000		
	235,000		235,000

 이제 거의 끝나가니까 기운 내자. 잔액시산표에서 자산, 부채, 자본, 수익, 비용을 구분해봐.

 먼저 차변을 보면 현금·매출채권·임차보증금·비품은 자산이고, 급여·지급임차료·보험료는 비용이네요. 대변을 보면 미지급금·차입금은 부채고, 자본금은 자본이고, 매출은 수익이죠.

 수익과 비용을 옮겨 쓴 게 손익계산서라고 했지? 그럼 이익은 얼마일까?

 수익(매출)이 65,000원이고 비용이 26,000원이니까 이익은 39,000원이네요.

손익계산서

20×1년 10월 31일 ~ 12월 31일

급 여	12,000	매 출	65,000
지급임차료	2,000		
보험료	12,000		
당기순이익	39,000		

 자산, 부채, 자본을 재무상태표에 옮겨 쓰면 마무리 되겠네. 합계도 구해봐.

재무상태표

20×1년 12월 31일 현재

현 금	79,000	미지급금	20,000
매출채권	30,000	차입금	50,000
임차보증금	40,000	부채총계	70,000
비 품	60,000	자본금	100,000
		이익잉여금	39,000
		자본총계	139,000
자산총계	209,000	자본및부채총계	209,000

요약하기!

- 회계상 거래 : 자산, 부채, 자본의 증감 변동에 영향을 미치는 사건
- 상품의 구매주문 · 토지의 구입계약은 그 자체로는 회계상 거래가 아니다.
- 현금의 분실이나 도난, 화재의 발생으로 인한 건물의 소실 등은 일반적인 거래는 아니지만 회계상 거래에 해당한다.

연습문제

01. 다음 중 회계상의 거래에 해당하는 것은?

① 사무실을 월세 300,000원에 임차계약을 하다.

② 은행차입을 위해 정기예금 1,000,000원을 담보로 제공하였다.

③ 영업부에서 사용하던 차량을 매각하기로 결정하다.

④ 종업원을 월급 1,000,000원에 채용하다.

⑤ 수해로 사용 중이던 기계장치가 1,000,000원의 침수피해를 입었다.

답 ⑤

- 자산, 부채, 자본에 영향이 없으면 회계상 거래가 아니다.
- 단순한 계약이나 담보제공은 회계상 거래에 해당하지 않는다.

02. 일반적인 회계처리 순서로 보기 어려운 것은?

① 거래발생 → 분개 → 전기

② 분개장 → 원장 → 수정전시산표

③ 수정전시산표 → 기말수정분개 → 수정후시산표 → 재무제표

④ 기말수정분개 → 수정전시산표 → 집합손익 → 이익잉여금

답 ④

03. 다음 중 회계상 거래에 해당하지 않는 것은?

① 화재로 창고건물(장부금액 1,000,000원)이 소실되었다.

② 내년에 신제품을 개발하기로 하였다.

③ 상품을 매입하기로 계약하고 선금 1,000,000원을 현금으로 지급하였다.

④ 직원 결혼식에 축의금 100,000원을 지급하였다.

답 ②

신제품의 개발결정은 회사의 재산상태에 영향이 없으므로 회계상 거래에 해당하지 않는다.

04. 다음 중 회계상의 거래에 해당하는 지문의 개수는?

> **보기**
>
> ⓐ 원료공급회사와 10년간 100만톤의 석탄을 구입하기로 계약하였다.
> ⓑ 회사가 치매를 즉시 치료할 수 있는 획기적인 신약을 개발하였다.
> ⓒ 비품 2,000,000원을 외상으로 구입하였다.
> ⓓ 진열장에 진열된 상품 5,000,000원을 도난당하였다.
> ⓔ 대표이사가 교통사고를 당하여 더 이상 경영에 참여할 수 없게 되어 임시 대표이사를 선임하였다.

① 1개   ② 2개   ③ 3개   ④ 4개   ⑤ 5개

답 ②

- ⓒ, ⓓ : 회계상 거래
- ⓐ 계약만으로는 자산, 부채, 자본에 영향이 없다. 만약 계약과 동시에 계약금을 받았다면 회계상 거래에 해당한다.
- ⓓ 자산과 자본에 영향이 있으므로 회계상 거래에 해당한다.

05. 시산표에서 발견할 수 있는 오류는?

① 차변과목과 대변과목을 반대로 전기한 때

② 상품 계정의 차변에 전기할 것을 그 대변에 전기한 때

③ 하나의 분개를 두 번 전기한 때

④ 두 개의 오류가 우연히 상쇄된 때

답 ②

- 차 · 대변의 금액이 불일치할 경우 오류가 발견된다.
- ①, ③, ④는 오류이기는 하나 차 · 대변의 금액이 일치하므로 시산표에서 오류가 발견될 수 없다.

06. 다음 중 시산표에 의하여 발견될 수 없는 오류는?

① 150,000원의 외상매출금을 회수하여 현금 150,000원을 차변에, 외상매출금 105,000원을 대변에 기입하였다.

② 토지와 건물을 일괄하여 300,000원에 매입하고 현금 계정 대변에 300,000원을, 토지 계정 차변에 150,000원을 기록하였다.

③ 장부금액 100,000원의 당기손익금융자산을 150,000원에 처분하고 차변에 현금 150,000원을, 대변에 당기손익금융자산 150,000원으로 처리하였다.

④ 외상매입금을 지급하고 현금 계정 차변에 100,000원을, 외상매입금 계정 차변에 100,000원을 기록하였다.

답 ③

- ①, ②, ④는 차 · 대변이 일치하지 않으므로 시산표에 의해 오류가 발견된다.
- ③의 올바른 회계처리는 '(차) 현 금 150,000 / (대) 당기손익금융자산 100,000 + 처분이익 50,000'이지만, 지문과 같이 '(차) 현 금 150,000 / (대) 당기손익금융자산 150,000'으로 처리해도 차 · 대변의 금액이 일치하므로 오류가 발견될 수 없다.

07. 다음과 같은 결합관계로 이루어진 거래로 옳은 것은?

> 보기
>
> (차) 부채의 감소 / (대) 자산의 감소

① 은행에서 현금 10,000원을 차입하다.
② 외상매입금 20,000원을 현금으로 지급하다.
③ 종업원의 급여 5,000원을 현금으로 지급하다.
④ 대여금 50,000원과 이에 대한 이자 2,000원을 현금으로 받다.

답 ②

• (차) 외상매입금	20,000	(대) 현 금	20,000
(부채의 감소)		(자산의 감소)	

① (차) 현 금	10,000	(대) 차입금	10,000
(자산의 증가)		(부채의 증가)	

③ (차) 급 여	5,000	(대) 현 금	5,000
(비용의 발생)		(자산의 감소)	

④ (차) 현 금	52,000	(대) 대여금	50,000
(자산의 증가)		이자수익	2,000
		(자산의 감소 + 수익의 발생)	

08. 다음과 같은 거래의 결합관계로 표시할 수 있는 것은?

> **보기**
>
> (차) 비용의 발생 / (대) 자산의 감소

① 차입금에 대한 이자 100,000원을 현금으로 지급하다.
② 상품 1,000,000원을 매입하고 매입대금은 나중에 지급하기로 하다.
③ 현금 1,000,000원과 상품 1,000,000원을 출자하여 영업을 개시하다.
④ 현금 400,000원을 종업원에게 빌려주다.

답 ①

- (차) 이자비용   100,000   (대) 현 금   100,000
  (비용의 발생)   (자산의 감소)

② (차) 상 품   1,000,000   (대) 외상매입금   1,000,000
  (자산의 증가)   (부채의 증가)

③ (차) 현 금   1,000,000   (대) 자본금   2,000,000
  상 품   1,000,000   (자본의 증가)
  (자산의 증가)

④ (차) 대여금   400,000   (대) 현 금   400,000
  (자산의 증가)   (자산의 감소)

09. 아래 거래를 분개 시 (가), (나)의 대변 계정과목으로 옳은 것은?

> **보기**
>
> • 거래내용 : 대한가구점 책상(@*500,000) 10대 구입(대금은 월말 지급)
> • (가) 판매용 책상 9대
> • (나) 직원 사무용 책상 1대
>
> *'@'는 단가

① (가) 외상매입금, (나) 외상매입금　　② (가) 외상매입금, (나) 미지급금

③ (가) 미지급금,　(나) 외상매입금　　④ (가) 미지급금,　(나) 미지급금

답 ②

매입채무란 상품이나 원재료를 외상으로 매입한 경우에 나중에 지급해야 하는 의무로 일반적인 상거래에서 발생하는 채무를 말한다. 매입채무는 신용의 형태에 따라서 다시 외상매입금과 지급어음으로 구분된다. 이에 비해 미지급금이란 기업 본래의 상품매매활동 이외에서 발생하는 단기채무를 말한다.

10. 다음 각 거래를 분개할 때 차변 계정과목을 바르게 짝지은 것은?

> **보기**
>
> (가) 거래처 직원의 결혼식 축의금 50,000원을 현금으로 지급하였다.
> (나) 영업용 트럭에 대한 자동차세 180,000원을 현금으로 지급하였다.

① (가) 접대비,　　(나) 세금과공과　　② (가) 복리후생비, (나) 차량운반구

③ (가) 복리후생비, (나) 차량운반구　　④ (가) 복리후생비, (나) 세금과공과

답 ①

PART 2

—

왕초보,
회계에서 놀다

연말이면 바빠요, 바빠!

– 결산수정분개와 재무제표 작성

 오늘은 결산수정분개를 해보자. 결산수정분개라는 건 쉽게 말하면 앞에서 미처 반영하지 못한 사항들을 반영하는 거야. 문제를 한번 볼까?

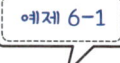

예제 6-1

㈜서울컨설팅의 결산수정사항은 다음과 같다.
  (1) 결산일까지 발생한 차입금 이자비용은 1,000원이다.
  (2) 비품에 대한 감가상각비는 4,000원이다.

'예제 5-1'에서 이어짐

(1) 결산일까지 발생한 차입금 이자비용은 1,000원이다.

 결산일까지 발생했다는 게 무슨 말이에요?

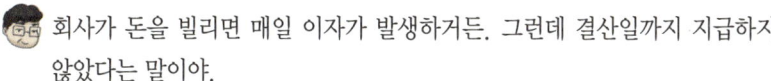 회사가 돈을 빌리면 매일 이자가 발생하거든. 그런데 결산일까지 지급하지 않았다는 말이야.

회사가 줘야 할 것을 안 주고 있다는 건가요?

아니. 보통 이자는 매월, 매년 등 일정기간이 지난 후에 지급하는 것이 보통이야. 이 내용은 은행과의 차입약정에 따라 이자를 지급하지 못하고 있다는 의미인 거지. 하지만 발생한 이자이기 때문에 결산시점에 비용으로 반영해야 해.

그러면 회계처리할 때 차변에는 이자비용이고 대변에는 현금인가요?

회사가 현금을 지급한 적이 없는 걸. 그럴 때 쓰는 계정이 '미지급비용'이야.

(차) 이자비용	1,000	(대) 미지급비용	1,000

미지급비용은 자산, 부채, 자본, 수익, 비용 중 어디에 해당할 거 같니?

비용인가?

땡! 줘야 할 의무가 있는데 주지 못했기 때문에 비용이 아니라 부채에 해당해. 결국 '비용의 발생 / 부채의 증가' 거래인 것이지.

이상하네. 미지급금도 부채라고 했잖아요. 그냥 미지급금으로 쓰면 안돼요?

둘 다 부채인 건 맞지만, 결산 때는 특별히 미지급비용이라는 계정을 사용해.

(2) 비품에 대한 감가상각비는 4,000원이다.

감가상각비가 뭐예요?

회사가 구입한 비품은 1년 이상 장기간 사용하는 것으로서 자산에 속하지. 그런데 비품을 60,000원을 주고 샀다면 언제 비용처리하는 게 좋을까? 보기를 줄게. ① 구입 시점, ② 폐기 시점, ③ 사용기간. 뭘까?

당연히 ③ 사용기간이죠.

하하, 맞다. 사용기간 동안 나누어서 비용처리하는 것이 맞겠지. 이렇듯 장기간 사업에 사용하는 자산을 비용처리하는 계정이 '감가상각비'야.

그러면 차변은 감가상각비고 대변은 비품이겠네요.

그렇게 생각할 수도 있는데, 기업회계기준에서는 비품이 아닌 다른 계정을 쓰도록 정하고 있어. 그 이유를 설명하자면 다소 복잡한데 한번 들어볼래?

네, 해주세요.

먼저 (2)를 '(차) 감가상각비 4,000 / (대) 비품 4,000'이라고 분개했다고 하자. 전기하면 그 결과는 다음과 같겠지?

비 품

11/06	60,000	12/31	4,000
	60,000		4,000

이렇게 집계된 내용을 다시 합계잔액시산표에 요약하면 다음과 같아.

합계잔액시산표
20×1년 12월 31일 현재

잔 액	합 계	계정명	합 계	잔 액
56,000	60,000	비 품	4,000	

 결국 재무상태표에 비품 잔액은 56,000원으로 표시될 건데, 이렇게 되면 해당 자산을 얼마에 사서 얼마를 감가상각을 했는지 정보이용자가 알 수가 없게 되는 문제가 발생해. 가령 60,000원에 사서 4,000원을 감가상각한 것인지, 100,000원에 사서 44,000원을 감가상각한 것인지, 아니면 아예 56,000원에 사서 감가상각하지 않은 것인지 재무상태표만 봐서는 알 수가 없다는 거야.

 아, 그렇군요.

 그래서 회계학에서는 비품을 직접 차감하지 않고 비품의 '그림자계정'이라고 할 수 있는 '감가상각누계액'이라는 계정을 사용해서 회계처리하지.

　　(차) 감가상각비　　　　4,000　　(대) 감가상각누계액　　　　4,000

 감가상각누계액은 부채예요?

 발생할 때 대변이니깐 얼핏 그렇게 보일 수도 있지만 엄밀히 말하면 자산의 차감계정, 즉 마이너스(−)의 자산이야.

마이너스(-)의 자산이라니 어려운데요.

 좀 더 들어봐. 감가상각누계액을 이용하는 회계처리를 하면 다음과 같이 전기될 거야.

비 품

11/06	60,000		
	60,000		

감가상각누계액

		12/31	4,000
			4,000

 이렇게 집계된 내용을 다시 합계잔액시산표에 요약하면 다음과 같지.

합계잔액시산표
20×1년 12월 31일 현재

잔 액	합 계	계정명	합 계	잔 액
60,000	60,000	비 품		
		감가상각누계액	4,000	4,000

 최종적으로 재무상태표에 옮겨 쓰면 다음과 같아.

재무상태표
20×1년 12월 31일 현재

비 품	60,000	
감가상각누계액	(4,000)	
	56,000	

 결국 정보이용자가 해당 자산을 60,000원에 취득했고, 4,000원만큼 감가 상각했으며, 현재 잔액이 56,000원이라는 것을 알 수 있게 되는 것이지.

 아, 그럼 이제 다 끝난 거예요?

 불행하지만 아니야. 지문에 드러나지 않은 숨어 있는 수정사항들도 있거든. 그것도 찾아서 기말에 수정분개를 해서 재무상태표에 반영해야 해. 12월 2일자 회계처리에서 설명했듯이 예를 들어 12월 임차료를 다음 해 1월에 지급하는 경우에도 12월달 비용으로 반영해야 하는 거야.

 내년 1월에 지급할 거라면 지급할 때 기록하면 되는 것 아니에요?

 그게 그렇지 않아. 12월 한 달간 임차했기 때문에 임차료의 지급의무가 발생했거든. 그러면 회계처리는 어떻게 해야 할 것 같니? 단, 현금을 지급한 적이 없으니 현금이 올 수는 없어.

 차변은 지급임차료일 테고, 대변은… 글쎄요. 아, 이자비용처럼 미지급비용이 아닌가요?

 O.K. 잘했어.

(차) 지급임차료	2,000	(대) 미지급비용	2,000
(비용의 발생)		(부채의 증가)	

 이제 다 끝났나요?

 한 가지 더, 12월 1일에 지급한 보험료를 모두 비용처리했잖니? 그런데 뭔가 좀 이상하지 않니?

 지급했으니까 비용인 거 맞잖아요?

 하지만 보험 가입기간이 내년 11월 30일까지잖아. 회사가 12월 1일에 지급한 보험료는 1년 치를 선납한 거고. 그러니까 11개월 치는 올해가 아니라 다음해의 비용인 거지. 따라서 올해 보험료는 12,000원이 아니라 12월 한 달 치인 1,000원이 되어야 하는 거야. 그래서 회사의 보험료를 1,000원으로 만들어주기 위해 보험료 11,000원을 취소하는 회계처리가 필요하지.

 비용의 취소는 어떻게 해요?

 비용의 발생이 차변이잖아. 그러니까 비용의 취소는 대변에 와야겠지. 그러면 차변에는 뭐가 와야 할까?

 어렵네요.

 보험료 중에서 11,000원은 내년도 비용이잖아. 그렇기 때문에 결산일 현재는 회사의 자산이라고 볼 수 있지. 그래서 '선급비용'이라는 자산계정을 사용해. 즉, 미지급비용은 부채, 선급비용은 자산이라는 거야.

(차) 선급비용	11,000	(대) 보험료	11,000
(자산의 증가)		(비용의 취소)	

 자, 이렇게 만들어진 4개의 결산수정분개를 정리하면 다음과 같아.

〈12월 31일 분개〉

①	(차) 이자비용	1,000	(대) 미지급비용	1,000
②	(차) 감가상각비	4,000	(대) 감가상각누계액	4,000
③	(차) 지급임차료	2,000	(대) 미지급비용	2,000
④	(차) 선급비용	11,000	(대) 보험료	11,000

 이제는 T계정에 결산수정분개를 전기해보자. 단, 새로 만드는 게 아니고 앞에서 만든 T계정에 이전에 전기한 것을 그대로 두고 추가하는 거야.

선급비용

12/31 ④	11,000		
	11,000		

미지급비용

		12/31 ①	1,000
		12/31 ③	2,000
			3,000

감가상각누계액

		12/31 ②	4,000
			4,000

지급임차료

12/02	2,000		
12/31 ③	2,000		
	4,000		

보험료

12/01	12,000	12/31 ④	11,000
	12,000		11,000

감가상각비

12/31 ②	4,000		
	4,000		

이자비용

12/31 ①	1,000		
	1,000		

이제 합계잔액시산표를 작성해보자.

합계잔액시산표
20×1년 12월 31일 현재

잔 액	합 계	계정명	합 계	잔 액
79,000	185,000	현 금	106,000	
30,000	50,000	매출채권	20,000	
40,000	40,000	임차보증금		
11,000	11,000	선급비용		
60,000	60,000	비 품		
		감가상각누계액	4,000	4,000
	30,000	미지급금	50,000	20,000
		차입금	50,000	50,000
		미지급비용	3,000	3,000
		자본금	100,000	100,000
		매 출	65,000	65,000
12,000	12,000	급 여		
4,000	4,000	지급임차료		
1,000	12,000	보험료	11,000	
4,000	4,000	감가상각비		
1,000	1,000	이자비용		
242,000	409,000	합 계	409,000	242,000

O.K. 다음으로 넘어가기 전에 한 가지 더 이야기하자면 결산수정분개를 반영하기 전 시산표를 수정전시산표, 반영 후 시산표를 수정후시산표라고 해. 그럼 이제는 잔액만 옮겨 써서 잔액시산표를 작성해보자.

잔액시산표
20×1년 12월 31일 현재

현 금	79,000	감가상각누계액	4,000
매출채권	30,000	미지급금	20,000
임차보증금	40,000	차입금	50,000
선급비용	11,000	미지급비용	3,000
비 품	60,000	자본금	100,000
급 여	12,000	매 출	65,000
지급임차료	4,000		
보험료	1,000		
감가상각비	4,000		
이자비용	1,000		
	242,000		242,000

 이제는 이것을 바탕으로 손익계산서를 작성해보자. 수익과 비용만 옮겨 쓰면 되겠지? 그런 다음 당기순이익을 구해봐.

 수익(매출)이 65,000원인데 비용이 22,000원이니까 이익은 43,000원이에요.

손익계산서

20×1년 10월 31일 ~ 20×1년 12월 31일

급 여	12,000	매 출	65,000
지급임차료	4,000		
보험료	1,000		
감가상각비	4,000		
이자비용	1,000		
당기순이익	43,000		

 당기순이익이 나왔으니까 자산, 부채, 자본을 옮겨 쓰고 재무상태표를 완성할 수 있지. 하지만 한 가지 주의할 게 있어.

 뭔데요?

 아까 감가상각누계액은 자산의 차감계정으로 쓴다고 했지? 그래서 대변이 아니라 차변에 써야 해.

 차감계정이 뭐예요?

 마이너스 표시하는 것을 의미하지. 대변의 (+)를 차변의 (−)로 표시하는 것이지. 감가상각누계액을 (−)로 해서 차변에 쓰고 당기순이익을 이익잉여금으로 옮겨 쓰면 차·대변도 일치할 거야.

재무상태표
20×1년 12월 31일 현재

현 금		79,000	미지급금		20,000
매출채권		30,000	차입금		50,000
임차보증금		40,000	미지급비용		3,000
선급비용		11,000	**부채총계**		**73,000**
비 품	60,000		자본금		100,000
감가상각누계액	(4,000)	56,000	이익잉여금		43,000
			자본총계		**143,000**
자산총계		**216,000**	**부채및자본총계**		**216,000**

 이제 다 했네. 수고 많았다.

 아빠도 수고하셨어요.

- 결산수정분개의 목적 : 회사의 손익을 보다 더 명확하게 계산하기 위함이다.
- 결산수정분개와 밀접한 계정과목은 선급비용, 선수수익, 미수수익, 미지급비용이다.
- 현금을 이미 지급했으나 기간이 경과하지 않은 지출은 선급비용으로 처리한다.
- 현금을 이미 수취했으나 기간이 경과하지 않은 수입은 선수수익으로 처리한다.
- 이자수익 등 이미 수익이 발생했으나 수취하지 못한 기간 경과분은 미수수익으로 처리한다.
- 이자비용 등 이미 비용이 발생했으나 지급하지 못한 기간 경과분은 미지급비용으로 처리한다.
- 감가상각 : 유형자산의 감가상각대상금액을 그 자산의 내용연수에 걸쳐 체계적으로 각 회계기간에 배분하는 것
- 감가상각누계액 : 자산의 차감계정으로서 재무상태표에 대변이 아닌 차변의 차감항목으로 표시한다.

연습문제

01. 다음 중 손익계산서에 영향을 미치지 않는 거래 중 가장 적합한 것은?

① 예금통장에 결산이자 11,000원이 예입되었다.

② 월말이 되어 사무실 임차비용 200,000원을 지급하였다.

③ 근로소득세로 원천징수한 예수금 10,000원을 10일에 납부하였다.

④ 결산 시 비용처리한 보험료 중 기간 미경과분 110,000원을 회계처리하였다.

답 ③

• (차) 예수금	10,000	(대) 현 금	10,000
(부채의 감소)		(자산의 감소)	
① (차) 예금	11,000	(대) 이자수익	11,000
(자산의 증가)		(수익의 발생)	
② (차) 지급임차료	200,000	(대) 현 금	200,000
(비용의 발생)		(자산의 감소)	
④ (차) 선급비용	110,000	(대) 보험료	110,000
(자산의 증가)		(비용의 취소)	

02. 다음 ⓐ와 ⓑ에 가장 알맞은 것은?

> **보기**
> • 기초자산 = 기초부채 + ⓐ
> • 기말자산 = 기말부채 + 기초자본 + ⓑ

① ⓐ 기초자본, ⓑ 당기순이익   ② ⓐ 기말자산, ⓑ 당기순이익

③ ⓐ 기말부채, ⓑ 기말자본   ④ ⓐ 기말자산, ⓑ 기초부채

답 ①

03. 다음 거래요소의 결합관계로 이루어진 거래는?

>
> (차) 비용의 발생 / (대) 부채의 증가

① 지급임차료 미지급분 5,000원을 계상하다.
② 수입임대료 선수분 20,000원을 계상하다.
③ 보험료 선급분에 대한 기간 미경과분 30,000원을 계상하다.
④ 이자 미수분 10,000원을 계상하다.

답 ①

- (차) 지급임차료   5,000   (대) 미지급비용   5,000
  (비용의 발생)   (부채의 증가)

② (차) 수입임대료   20,000   (대) 선수수익   20,000
  (수익의 취소)   (부채의 증가)

③ (차) 선급비용   30,000   (대) 보험료   30,000
  (자산의 증가)   (비용의 취소)

④ (차) 미수수익   10,000   (대) 이자수익   10,000
  (자산의 증가)   (수익의 발생)

04. 다음 거래요소의 결합관계를 바르게 나타낸 것은?

> 보기
>
> • 거래내용 :
>   결산일에 은행 차입금에 대한 기간 경과분 이자비용을 계산하여 반영하다.

① 비용의 발생 / 자산의 감소
② 비용의 발생 / 부채의 증가
③ 수익의 취소 / 부채의 증가
④ 수익의 발생 / 자산의 감소

답 ②
　(차) 이자비용　　　　　×××　(대) 미지급비용　　　　×××

05. 다음의 자료를 통해 빈칸(ⓐ, ⓑ)의 합계액은?

> 보기

기초자산	기초부채	총수익	총비용	기말자본	기초자본
1,000,000	ⓐ	900,000	600,000	ⓑ	400,000

① 1,200,000원 　　　　　　　　② 1,300,000원
③ 1,400,000원 　　　　　　　　④ 1,500,000원

답 ②
• ⓐ 600,000
• ⓑ 700,000(= 당기순이익 300,000* + 기초자본 400,000)
　*총수익 900,000 − 총비용 600,000

06. 다음 자료에서 기말자본의 총계는 얼마인가?

보기				
기초자산	기초부채	총수익	총비용	유상증자
3,000,000	2,000,000	3,500,000	2,800,000	800,000

① 2,500,000원　　　　　② 2,000,000원
③ 1,700,000원　　　　　④ 1,000,000원

답 ①
- 기초자본 1,000,000원
- 당기순이익 700,000원(= 총수익 3,500,000 – 총비용 2,800,000)
- 기말자본 = 기초자본 + 유상증자 + 당기순이익
　　　　　= 1,000,000 + 800,000 + 700,000
　　　　　= 2,500,000

07. 현금 1,000,000원을 출자하여 영업을 개시한 후 기말자산이 1,900,000원, 기중 총수익 650,000원, 기중 총비용 500,000원인 경우 기말부채는?

① 700,000원　　　　　② 750,000원
③ 800,000원　　　　　④ 850,000원

답 ②
- 당기순이익 150,000원
- 기말자본 1,150,000 = 기초자본 1,000,000 + 당기순이익 150,000
- 기말부채 = 기말자산 – 기말자본
　　　　　= 1,900,000 – 1,150,000
　　　　　= 750,000

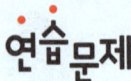

연습문제

08. 다음 자료의 (가)와 (나)에 들어갈 금액으로 옳은 것은?

회계연도	제1기	제2기	제3기
기초자본	(가)	1,500,000	2,000,000
추가출자액	120,000	200,000	150,000
기업주인출액	180,000	150,000	130,000
당기순이익	200,000	(나)	300,000

① (가) 1,300,000, (나) 390,000   ② (가) 1,320,000, (나) 410,000

③ (가) 1,340,000, (나) 430,000   ④ (가) 1,360,000, (나) 450,000

답 ④
- 기말자본 = 기초자본 + 추가출자액 − 기업주인출액 + 당기순이익

    (가) 1,500,000 = 기초자본 + 120,000 − 180,000 + 200,000
        → 기초자본 = 1,360,000
    (나) 2,000,000 = 1,500,000 + 200,000 − 150,000 + 당기순이익
        → 당기순이익 = 450,000

09. 20×1년 1월 1일 1,500,000원을 출자하여 개업한 남매상사의 12월 31일 재무상태가 다음과 같을 때 순손익은? 단, 20×1년에 당기순이익 이외의 자본변동은 없었다.

<table>
<tr><td colspan="4">보기</td></tr>
<tr><td>• 현 금</td><td>250,000원</td><td>• 상 품</td><td>500,000원</td></tr>
<tr><td>• 외상매출금</td><td>500,000원</td><td>• 선급금</td><td>200,000원</td></tr>
<tr><td>• 외상매입금</td><td>300,000원</td><td>• 미지급금</td><td>150,000원</td></tr>
<tr><td>• 건 물</td><td>800,000원</td><td>• 단기차입금</td><td>100,000원</td></tr>
</table>

① 100,000원   ② 200,000원

③ 300,000원   ④ 400,000원

답 ②
- 자산총계 = 현금 + 상품 + 외상매출금 + 선급금 + 건물
  = 250,000 + 500,000 + 500,000 + 200,000 + 800,000
  = 2,250,000
- 부채총계 = 외상매입금 + 미지급금 + 단기차입금
  = 300,000 + 150,000 + 100,000
  = 550,000
- 기말자본 = 자산총계 2,250,000 − 부채총계 550,000 = 1,700,000
- 기초자본 1,500,000 + 당기순이익 = 기말자본 1,700,000
  → 당기순이익 = 200,000

마감을 해야 손익이 보여요

01 계정의 마감

지금까지 분개, 전기, 시산표 과정을 거쳐 재무상태표와 손익계산서를 작성
했어. 이제 마지막으로 할 일이 남았는데, 바로 계정의 마감이라는 거야.

마감이요?

설명하기보다 바로 문제를 풀어보는 것이 좋을 거야.
'예제 5-1'의 현금 T계정을 살펴볼까?

현 금

10/31	100,000	11/01	40,000
11/10	50,000	11/06	10,000
12/20	15,000	11/25	5,000
12/30	20,000	12/01	12,000
		12/02	2,000
		12/10	30,000
		12/24	7,000
	185,000		106,000

현금이 185,000원만큼 들어오고, 106,000원만큼 나갔으니까 기말 현금 잔액이 79,000원이 된다는 의미였는데, 앞으로는 다음과 같이 쓰기로 하자.

현 금

10/31	100,000	11/01	40,000
11/10	50,000	11/06	10,000
12/20	15,000	11/25	5,000
12/30	20,000	12/01	12,000
		12/02	2,000
		12/10	30,000
		12/24	7,000
		기 말	79,000
	185,000		185,000

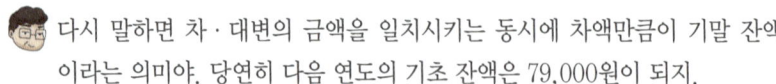 다시 말하면 차·대변의 금액을 일치시키는 동시에 차액만큼이 기말 잔액이라는 의미야. 당연히 다음 연도의 기초 잔액은 79,000원이 되지.

아빠! 그런데 현금은 차변 항목인데 왜 잔액이 대변에 나타나죠?

얼핏 그렇게 보일 수 있지. 기말 잔액이 T계정의 대변에 표시되었다는 것이 시산표나 재무상태표에서 현금 잔액이 대변에 나타난다는 의미는 아니야.

그러면 무슨 뜻이에요?

T계정의 대변에 표시된 당기의 기말 잔액이 차기의 기초 잔액으로 넘어가서 결국 차변에 표시되게 되거든. 이러한 과정을 계정의 마감이라고 해.

현 금

기 초(1/1)	79,000	

자, 이제는 부채의 마감도 살펴보도록 하자. 부채 계정 중 미지급금 계정을 T계정에 옮기면 다음과 같이 표시되겠지?

미지급금

12/10	30,000	11/06	50,000
기 말	20,000		
	50,000		50,000

 따라서 내년 초에는 다음과 같이 표시돼.

미지급금

		기 초(1/1)	20,000

 같은 방법으로 자본계정도 마감할 수 있어, 그 잔액이 내년으로 이월되지.

자본금

기 말	100,000	10/31	100,000
	100,000		100,000

자본금

		기 초(1/1)	100,000

그런데 이쯤에서 주의할 것이 있어. 바로 자산·부채·자본계정은 다음 연도로 잔액이 이월되지만 수익·비용계정은 이월되지 않고 당기에 마감되고 끝난다는 거야.

 네? 그게 무슨 의미죠?

수익, 비용 등의 손익계산서 계정의 장부마감은 성격이 좀 달라. 손익은 시점이 아닌 기간의 개념이어서 내년으로 이월될 수 없는 거지. 다시 말해서 금년도 매출액이 내년도 매출액으로 넘어간다든가 금년도 인건비가 내년도 인건비로 넘어갈 수는 없다는 말이야.

하지만 합계잔액시산표에 보면 잔액이 여전히 남아 있잖아요.

그래서 손익계정은 '집합손익'이란 계정을 이용해서 마감해. 기말에 순손익을 산출하기 위해 수익·비용에 속하는 계정을 집합시킨 것을 손익계정 또는 집합손익 계정이라고 하는 거지.

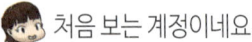 처음 보는 계정이네요.

그럴 거야. 아무튼 손익계정은 집합손익 계정에 의해 마감되고 내년으로 이월되지 않아. 그래서 자산·부채·자본계정을 영구계정이라고 부르고, 수익·비용계정을 임시계정이라고도 불러.

아, 그렇군요.

그러면 먼저 매출부터 마감해보자. 일단 매출의 T계정은 다음과 같아.

매 출

	11/15	25,000
	12/20	40,000
		65,000

이를 마감하기 위해 '집합손익' 계정을 이용해 다음과 같이 회계처리해보자.

ⓐ   (차) 매 출   65,000   (대) 집합손익   65,000

 이것을 T계정에 전기하면 다음과 같이 되면서 매출 계정이 마감되는 거야.

매 출

12/31 ⓐ	65,000	11/15	25,000
		12/20	40,000
	65,000		65,000

 음 그래 봐야, 집합손익 계정이 그대로 남는데요?

 하하, 좀만 기다려봐. 먼저 나머지 비용계정들도 마감해야지. 먼저 보험료 T계정부터 볼까?

보험료

12/01	12,000	12/31	11,000
	12,000		11,000

 차 · 대변이 일치하지 않지? 그럼 뭐를 해야 할까?

 집합손익을 이용해서 분개부터 해야죠.

ⓑ	(차) 집합손익	1,000	(대) 보험료	1,000

 잘했어. 이제 T계정을 마감해볼까?

보험료

12/01	12,000	12/31	11,000
		12/31 ⓑ	1,000
	12,000		12,000

 잘하는 걸. 이러한 방식으로 나머지 비용계정(급여, 지급임차료, 감가상각비, 이자비용)도 마감해야 해. 회계처리부터 해보자.

ⓒ	(차) 집합손익	12,000	(대) 급 여	12,000
ⓓ	(차) 집합손익	4,000	(대) 지급임차료	4,000
ⓔ	(차) 집합손익	4,000	(대) 감가상각비	4,000
ⓕ	(차) 집합손익	1,000	(대) 이자비용	1,000

 이제는 집합손익 계정에 전기를 해야 해. 거의 끝나가니까 힘내라고!

집합손익

12/31 ⓑ	1,000		12/31 ⓐ	65,000
12/31 ⓒ	12,000			
12/31 ⓓ	4,000			
12/31 ⓔ	4,000			
12/31 ⓕ	1,000			

 자, 이제 손익계정은 모두 마감되고 집합손익 계정에 모든 손익계정이 집계되었어. 그런데 집합손익 계정의 잔액은 얼마지?

 43,000원이요.

 집합손익 잔액은 차변일까, 대변일까?

 대변이죠.

 맞아. 이제 진짜로 집합손익 계정을 마감하는 거야. 집합손익 계정을 마감하기 위해 이익잉여금으로 대체하는 다음의 회계처리를 해야 해.

ⓖ   (차) 집합손익   43,000   (대) 이익잉여금   43,000

집합손익

12/31 ⓑ	1,000	12/31 ⓐ	65,000
12/31 ⓒ	12,000		
12/31 ⓓ	4,000		
12/31 ⓔ	4,000		
12/31 ⓕ	1,000		
12/31 ⓖ	43,000		
	65,000		65,000

아하! 그래서 당기순이익이 이익잉여금으로 대체었던 거군요.

그래 맞아. 앞에서 문제 풀이할 땐 그냥 설명하지 않고 넘어갔던 내용이지.

이제 좀 개운하네요! 다 이해가 돼요. 그런데 아빠, '예제 1-1'과 '예제 5-1'에서는 기초 잔액을 전혀 고려하지 않았는데요?

모두 처음 사업을 시작한 회사라고 했잖아. 그래서 기초 잔액이 없었던 것이지.

그랬군요.

이제 전기할 때 상대계정을 쓰는 경우 그 의미를 한 번 더 복습하기로 하자. 어떤 분개가 다음과 같이 전기될까?

현 금

4/01	자본금	1,000,000	

 음, 현금이 차변인지 대변인지 헷갈리는데요.

 그렇다면 상대계정, 즉 여기서는 자본금을 가리고 생각해봐.

 아, 왼편에 있는 것을 왼편에 옮겨 쓴 것이니까 현금이 차변이겠네요. 당연히 대변은 자본금이고요.

(차) 현 금 　　　　　1,000,000 　(대) 자본금 　　　　　1,000,000

 하지만 전기할 때 자본금이라는 상대계정이 왼편에 표시되니까 혼란스러운데요.

 맞아. 그래서 의도적으로 처음에 전기할 때 상대계정을 쓰지 않고 가르친 거야. 전기의 개념을 이해하고 나면 좌우가 혼동되지는 않을 거다. 그러면 연습문제 하나 더 풀어보자.

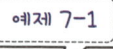

예제 7-1

다음 현금 T계정을 보고 거래내용을 설명한 것으로 옳은 것은?

현 금

① 자본금	500,000	③ 단기대여금	150,000
② 외상매출금	200,000	④ 지급어음	300,000

① 기업주가 현금 500,000원을 인출하다.
② 외상매출금 200,000원을 현금으로 회수하다.
③ 거래처의 단기대여금 150,000원을 현금으로 회수하다.
④ 현금 300,000원을 차입하고 약속어음을 발행해주다.

 은근히 어려운데요.

 상대계정을 가리고 생각해봐.

①	(차) 현 금	500,000	(대) 자본금	500,000
②	(차) 현 금	200,000	(대) 외상매출금	200,000
③	(차) 단기대여금	150,000	(대) 현 금	150,000
④	(차) 지급어음	300,000	(대) 현 금	300,000

 ①은 현금 500,000원을 주주가 출자한 것이고, ②는 외상매출금을 현금으로 회수한 것이고, ③은 현금 150,000원을 대여해준 것이고, ④는 지급어음을 현금으로 갚은 것이네요. 그래서 '예제 7-1'의 답은 ②예요.

O.K!

02 결산수정분개와 선수수익·미수수익

이제는 결산수정분개에 대해 좀 더 알아보기로 하자. 결산수정분개의 유형은 다음과 같아.

선급항목 (선수항목)	선급비용 (Prepaid Expenses)	현금을 미리 지급했으나 기간이 경과하지 않은 비용 → 자산
	선수수익 (Unearned Revenue)	현금을 미리 받았으나 기간이 경과하지 않은 수익 → 부채
발생항목	미지급비용 (Accrued Expenses)	이미 발생했지만 현금을 지급하지 못한 비용 → 부채
	미수수익 (Accrued Income)	이미 발생했지만 현금을 수령하지 못한 수익 → 자산
추정항목	감가상각비	유형자산의 원가배분

아빠! 선급, 선수항목이라는 건 이해가 되는데, 미지급비용과 미수수익을 왜 발생항목이라고 하는 거예요?

미지급비용과 미수수익의 영문표기를 보면 살짝 짐작이 될 텐데 이미 발생했지만 현금을 수령하거나 지급하지 않았다는 의미야.

아!

그 반대로 선급·선수항목은 당기에 현금을 수령했거나 지급했지만 차기 이후의 수익이나 비용으로 인식해야 하므로 '이연(移延, Deferrals)'이라고 부르지. 지난 시간에 미지급비용 배웠잖아. 어떤 내용이었는지 기억나?

 이미 발생했지만 지급하지 않고 있는 임차료나 이자비용 같은 것들이었잖아요.

그래, 미지급비용은 결산일 현재 비록 현금이 지출되지는 않았지만 발생분에 대해 비용으로 계상(計上)한 것을 말하지. 따라서 다음과 같이 회계처리해야 해.

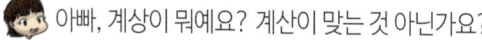 (차) 이자비용   ×××   (대) 미지급비용   ×××
   또는 지급임차료

아빠, 계상이 뭐예요? 계산이 맞는 것 아닌가요?

회계학에서는 계산하여 장부에 반영하는 것을 '계상'이라고 해.

그렇군요.

미지급비용은 자산, 부채, 자본, 수익, 비용 중 어디에 해당한다고 했지?

부채요.

잘하네. 이제는 반대로 기말 현재 비록 현금을 수령하지는 않았지만 회사가 이자를 수령할 권리가 이미 발생한 부분에 대해 수익을 계상하는 경우를 살펴보자.

- 1년 만기 정기예금 1,000,000원 가입
- 기간 : 20×1년 12월 1일 ~ 20×2년 11월 30일
- 이율 : 연 1.2%

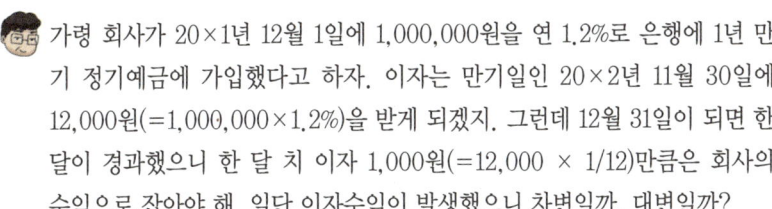 가령 회사가 20×1년 12월 1일에 1,000,000원을 연 1.2%로 은행에 1년 만기 정기예금에 가입했다고 하자. 이자는 만기일인 20×2년 11월 30일에 12,000원(=1,000,000×1.2%)을 받게 되겠지. 그런데 12월 31일이 되면 한 달이 경과했으니 한 달 치 이자 1,000원(=12,000 × 1/12)만큼은 회사의 수익으로 잡아야 해. 일단 이자수익이 발생했으니 차변일까, 대변일까?

수익의 발생이니 대변이죠.

그러면 상대계정은 무엇이 되어야 할까?

물론 현금은 아니겠죠. 현금을 받은 적이 없으니까요.

그렇지. 이런 경우 차변에는 '미수수익' 계정이 와야 해. 미수수익은 자산, 부채, 자본, 수익, 비용 중에 어디에 해당할까?

음, 자산?

하하, 이제 잘하네.

| 20×1.12.31. | (차) 미수수익 | 1,000 | (대) 이자수익 | 1,000 |

그러면 20×2년 11월 30일 정기예금이 만기가 되어 이자를 수취하게 되면 어떻게 회계처리를 해야 할까?

현금 12,000원을 받았을 테니까 이렇게 되겠죠?

| 20×2.11.30. | (차) 현 금 | 12,000 | (대) 이자수익 | 12,000 |

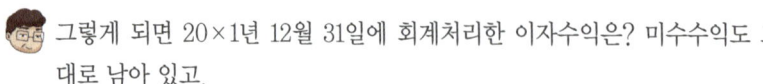 그렇게 되면 20×1년 12월 31일에 회계처리한 이자수익은? 미수수익도 그대로 남아 있고.

아, 그러네요. 그러면 이자 수취시점에서 미수수익을 제거해야 하니까 대변에 미수수익 1,000원, 이자수익 11,000원으로 써야 해요.

20×2.11.30.	(차) 현 금	12,000	(대) 미수수익	1,000
			이자수익	11,000

그런데 아빠! 이렇게 일일이 만기가 되는 날을 잊지 않고 회계처리하기가 쉽지 않을 거 같은데요.

그래, 맞아. 그래서 실무적으로는 결산수정사항은 1월 1일에 모두 반대분개를 하는 경우가 보통이야.

반대분개요?

20×2년 1월 1일에 결산수정분개와 반대되는 회계처리를 하는 거야. 그렇게 하면 11월 30일에 회수한 현금 전체를 이자수익으로 계상하면 결과적으로 동일하게 되거든.

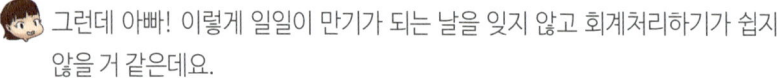

20×2.01.01.	(차) 이자수익	1,000	(대) 미수수익	1,000
20×2.11.30.	(차) 현 금	12,000	(대) 이자수익	12,000

03 선급비용

🧑 다음은 '선급비용'에 대한 내용이야. 사실 이것도 저번 시간에 이미 배웠어.

👧 보험료 선납분에 대해서 기간이 경과하지 않은 것에 대해서 비용을 취소시키고 그만큼을 자산으로 잡는 회계처리를 말하는 거죠?

🧑 복습 열심히 했네. 가령 회사가 20×1년 12월 1일에 1년 치 보험료 12,000원을 선납했다면 이렇게 분개했겠지.

20×1.12.01.   (차) 보험료   12,000   (대) 현 금   12,000

🧑 하지만 20×1년에 보험료는 12,000원이 아니라 한 달 치인 1,000원이 되어야 하잖아. 그래서 회사의 보험료를 1,000원으로 만들어주기 위해 보험료 11,000원을 취소시키는 회계처리가 필요해. 보험료 중 11,000원은 내년도 비용이므로 올해 말 현재에 있어서는 회사의 자산이라고 볼 수 있어. 따라서 '선급비용'이라는 자산계정이 와야 하는 것이지. 다시 한번 말하지만 선급비용은 비용계정이 아니라 자산계정임에 유의해야 해.

20×1.12.31.   (차) 선급비용   11,000   (대) 보험료   11,000

🧑 마찬가지로 보험이 만기가 되는 20×2년 11월 30일에는 어떻게 회계처리해야 할까?

👧 이렇게 하면 되겠네요.

| 20×2.11.30. | (차) 보험료 | 11,000 | (대) 선급비용 | 11,000 |

 하하, 맞았어. 그런데 앞에서와 마찬가지로 일일이 보험의 만기일을 확인해서 회계처리하기 번거로우니 20×2년 초에 상기의 회계처리를 하는 경우가 많아.

04 선수수익과 미지급비용

 우리 회사가 건물을 소유하고 임대업을 영위하고 있다고 하자. 20×1년 12월 1일에 1년 치 임대료 2,400,000원(20×1년 12월 1일 ~ 20×2년 11월 30일)을 한꺼번에 받으면서 전액 수익으로 회계처리했다고 하자. 어떻게 회계처리해야 할까?

| 20×1.12.01. | (차) 현 금
(자산의 증가) | 2,400,000 | (대) 수입임대료
(수익의 발생) | 2,400,000 |

 그런데 결산수정분개가 없다면 회사는 내년도 임대료에 해당하는 2,200,000원까지 모두 임대료수익으로 계상하게 되어 손익이 왜곡되는 결과를 초래할 거야. 어떻게 조정해야 할까?

 수입임대료 2,200,000원을 차변에 오게 해서 취소해야겠죠. 하지만 대변은 모르겠어요.

 이럴 땐 대변에 '선수수익'을 써.

20×1.12.31.   (차) 수입임대료   2,200,000   (대) 선수수익   2,200,000

 선수수익은 부채겠네요, 선급비용이 자산이니까요.

 그래, 맞아. 그러면 20×2년 11월 30일의 회계처리는 어떻게 되어야 할까?

20×2.11.30.   (차) 선수수익   2,200,000   (대) 수입임대료   2,200,000

 O.K. 그러면 회사가 20×1년 12월 1일에 1,000,000원을 연 2.4%로 은행에서 1년 만기(만기일 : 20×2년 11월 30일, 원금과 이자는 만기일 일시상환 조건)로 차입했다면 어떻게 회계처리할까?

- **1년 만기 1,000,000원 차입**
- **기 간 : 20×1년 12월 1일 ~ 20×2년 11월 30일**
- **이 율 : 연 2.4%**

 연 이자는 '1,000,000 × 2.4% = 24,000원'이고, 20×1년에는 한 달 치 이자 2,000원을 이자비용으로 잡아야겠네요.

20×1.12.31.   (차) 이자비용   2,000   (대) 미지급비용   2,000

 차입금 만기 때 이자지급에 대한 회계처리는?

20×2.11.30.   (차) 미지급비용   2,000   (대) 현 금   24,000
                     이자비용   22,000

잘하는 걸. 하지만 일반적으로 만기일에 일일이 이전 회계처리를 확인하기가 번거로워서 20×2년 초에 반대분개를 하고 이자지급일에는 현금지급 전체를 이자비용으로 처리하지. 물론 결과는 같아.

20×2.01.01.	(차) 미지급비용	2,000	(대) 이자비용	2,000
20×2.11.30.	(차) 이자비용	24,000	(대) 현 금	24,000

05 소모품 결산

지금까지 기말수정분개의 4가지 경우를 모두 다 살펴봤어. 이제 끝으로 결산수정분개 중에서 소모품과 관련된 내용을 설명할게. 가령 회사가 기중에 소모품을 현금 1,000,000원을 주고 샀는데 기말에 조사해보니 남아 있는 소모품이 400,000원이라고 하자. 그러면 얼마를 쓴 거지?

당연히 600,000원이죠.

기중과 기말의 회계처리는 어떻게 해야 할까? 쉽게 생각해봐. 일단 기중에는 돈 주고 샀으니깐 그건 쉽겠지? '자산의 증가 / 자산의 감소'라고 하자.

기중에는 대변에는 현금 1,000,000원이고 차변은 소모품이요.

기 중	(차) 소모품	1,000,000	(대) 현 금	1,000,000

그렇다면 기말에는 어떻게 회계처리해야 하지?

글쎄요, 소모품을 600,000원 사용했으니 대변은 소모품 600,000원인데 차변은 잘….

차변에는 자산이었던 소모품이 비용처리된 것이잖아. 그럴 때는 비용계정인 '소모품비'가 와야 해. 즉, '비용의 발생 / 자산의 감소' 거래가 되는 거야.

기 말　　　　(차) 소모품비　　　　600,000　　(대) 소모품　　　　600,000

소모품은 자산계정이고 소모품비는 비용계정이라는 거군요.

그래, 혼동하기 쉬우니까 주의해야 해. 그런데 말이다, 기중에 소모품을 구입했을 때 자산으로 계상하지 않고 비용으로 회계처리할 수도 있어.

기 중　　　　(차) 소모품비　　　1,000,000　　(대) 현 금　　　　1,000,000

기말에 회계처리할 때는 아직 장부에 잡히지 않았지만 남아 있는 소모품을 자산으로 잡는 게 1단계야.

그러면 차변에 소모품 400,000원이 오겠네요?

그렇지. 그러면 대변은?

자산으로 처리된 만큼 비용이 취소되어야 하니까 소모품비가 와야 해요. '자산의 발생 / 비용의 취소' 거래가 되겠네요.

소모품 구입 시 자산 계상				
기 중	(차) 소모품	1,000,000	(대) 현 금	1,000,000
기 말	(차) 소모품비	600,000	(대) 소모품	600,000

소모품 구입 시 비용 계상				
기 중	(차) 소모품비	1,000,000	(대) 현 금	1,000,000
기 말	(차) 소모품	400,000	(대) 소모품비	400,000

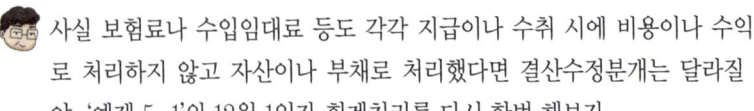 사실 보험료나 수입임대료 등도 각각 지급이나 수취 시에 비용이나 수익으로 처리하지 않고 자산이나 부채로 처리했다면 결산수정분개는 달라질 거야. '예제 5-1'의 12월 1일자 회계처리를 다시 한번 해보자.

20×1년 12월 1일
- 사무실 화재보험에 가입하면서 1년 치 보험료 12,000원을 현금으로 지급하다.

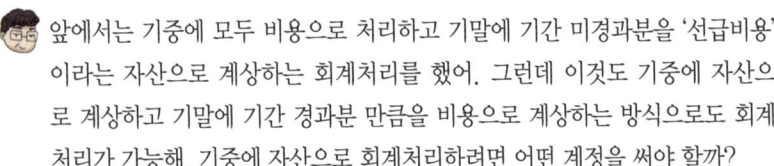 앞에서는 기중에 모두 비용으로 처리하고 기말에 기간 미경과분을 '선급비용'이라는 자산으로 계상하는 회계처리를 했어. 그런데 이것도 기중에 자산으로 계상하고 기말에 기간 경과분 만큼을 비용으로 계상하는 방식으로도 회계처리가 가능해. 기중에 자산으로 회계처리하려면 어떤 계정을 써야 할까?

 음, 글쎄요.
비용이 아닌 자산계정이니까 선급비용(또는 선급보험료)이 오면 되겠지.

그러면 기말에는요?

 기간 경과분만큼 보험료로 비용계상하고 그만큼 선급비용을 감소시키는 회계처리를 해야 하지. 요약하면 다음과 같아.

보험료 지출 시 비용 계상				
기 중	(차) 보험료	12,000	(대) 현 금	12,000
기 말	(차) 선급비용	11,000	(대) 보험료	11,000

보험료 지출 시 자산 계상				
기 중	(차) 선급비용	12,000	(대) 현 금	12,000
기 말	(차) 보험료	1,000	(대) 선급비용	1,000

 실무적으로는 거의 대부분 기중에 비용으로 회계처리를 하고 있어. 내친 김에 선수수익의 회계처리도 다시 살펴보자.

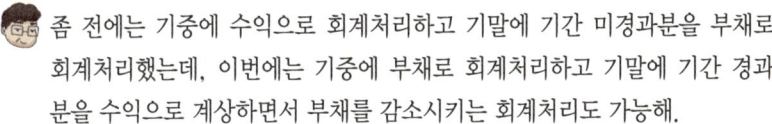

20×1년 12월 1일
- **1년 치 임대료 2,400,000원을 전액 현금으로 수령하다.**
- **임대기간 : 20×1년 12월 1일 ~ 20×2년 11월 30일**

 좀 전에는 기중에 수익으로 회계처리하고 기말에 기간 미경과분을 부채로 회계처리했는데, 이번에는 기중에 부채로 회계처리하고 기말에 기간 경과분을 수익으로 계상하면서 부채를 감소시키는 회계처리도 가능해.

 기중에 부채로 처리한다면 어떤 계정을 써야 해요?

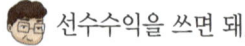 선수수익을 쓰면 돼.

 그럼 12월 말에는 한 달 경과한 거니까 대변에는 1개월 치인 200,000원을 수입 임대료로 하고, 차변은 선수수익이겠네요. 부채의 감소!

임대료 수취 시 수익 계상				
기 중	(차) 현 금	2,400,000	(대) 수입임대료	2,400,000
기 말	(차) 수입임대료	2,200,000	(대) 선수수익	2,200,000

임대료 수취 시 부채 계상				
기 중	(차) 현 금	2,400,000	(대) 선수수익	2,400,000
기 말	(차) 선수수익	200,000	(대) 수입임대료	200,000

06 결산일

 아빠! 그런데 결산은 항상 12월 31일에 하는 거예요?

 그건 아니야. 기업이 손익계산서를 작성할 때는 이익을 계산하는 기간을 정해야 하는데 이를 회계기간(Accounting Period) 또는 회계연도(Fiscal Year)라고 하지. 기업의 회계기간은 일반적으로 1년을 회계기간으로 하여 1월 1일부터 12월 31일까지로 정해서 이익을 계산하는 경우가 제일 많아. 하지만 반드시 그런 것은 아니고 회사에서 임의로 정할 수 있어. 아빠가 근무했던 대형회계법인은 8월 말 결산법인이었어.

 아, 신기하네요.

법인세법에 따르면 사업연도는 법령 또는 법인의 정관 등에서 정하는 1회계 기간으로 하되 그 기간은 1년을 초과하지 못하는 것으로 규정하고 있어. 따라서 2월 1일부터 1월 31일까지를 회계연도로 정해도 되는 것이지.

그렇다고는 해도 기업들 대부분은 12월 말 결산법인이죠?

응, 맞아. 국세통계포털에 나오는 사업연도 종료일별 법인세 신고 현황이야. 다음의 표를 한번 보자.

(귀속연도 2021년 기준)

사업연도 종료일별	총 신고 법인 수
3월 말 법인	7,765
6월 말 법인	11,045
9월 말 법인	7,195
12월 말 법인	857,598
기타 종료일	22,722
합 계	906,325

끝으로 우리가 첫날 배웠던 '자산 = 부채 + 자본' 공식을 좀 더 자세히 배워 보자. 해당 재산상태의 시점이 기초와 기말이라면 각각 어떻게 되겠니?

기초에는 '기초자산 = 기초부채 + 기초자본'이고, 기말에는 '기말자산 = 기말부채 + 기말자본'이 되겠죠.

그런데 주주의 추가출자 등의 자본거래가 없었다면 '기말자본 = 기초자본 + 당기순이익(이익잉여금 대체분)'이잖아?

 그렇죠.

 그래서 다음과 같은 등식이 성립해.

• **자산 = 부채 + 자본**
• **기초자산 = 기초부채 + 기초자본**
• **기말자산 = 기말부채 + 기말자본**
• **기말자산 = 기말부채 + 기초자본 + 당기순이익**
     (당기순이익 이외에 출자 등 자본거래 없는 경우)

 여기서 문제! 기초자산이 100, 기초부채가 70이었다고 하자. 당기순이익 이외에 추가 출자 등 자본거래가 없었고 당기순이익이 20이라면 기말자본은 얼마일까?

 기초자본이 30이고 당기순이익이 20이니까 기말자본은 50이지요.

 Good! 잘했으니까 오늘은 여기까지 할까?

- 자산, 부채, 자본계정은 영구계정으로서 다음 연도로 이월된다.
- 수익·비용계정은 임시계정으로서 집합손익을 통해 마감되고 다음 연도로 이월되지 않는다.
- 소모품은 기중에 자산으로 계상하면 기말에 사용분만큼을 비용처리하고, 기중에 비용으로 계상하면 기말에 미사용분만큼을 자산으로 계상하는 기말수정분개가 필요하다.
- 같은 논리로 기중 현금지출에 대해 비용처리한 경우 기말에 기간 미경과분을 자산으로 계상해야 하고, 기중 현금지출에 대해 자산처리한 경우 기말에 기간 경과분을 비용으로 계상해야 한다.
- 기중 현금수입에 대해 수익처리한 경우 기말에 기간 미경과분을 부채로 계상해야 하고, 기중 현금수입에 대해 부채처리한 경우 기말에 기간 경과분을 수익으로 계상해야 한다.
- 기업이 손익계산서를 작성 시 이익을 계산하는 기간을 정해야 하며 회계기간 또는 회계연도라고 한다.
- 기업의 회계기간은 일반적으로 1년으로 하여 1월 1일부터 12월 31일까지로 정해서 이익을 계산한다. 그러나 반드시 그런 것은 아니며 회사에서 임의로 정할 수 있다.
- 주주의 추가 출자 등 자본거래가 없다면 '기말자본 = 기말부채 + 기초자본 + 당기순이익'이다.

연습문제

01. 다음 중 영구계정에 해당하지 않는 것은?

① 미지급비용
② 대여금
③ 미수임대료
④ 급 여
⑤ 선수수익

답 ④
자산, 부채, 자본계정은 영구계정이며 수익, 비용계정은 임시계정이다.

02. 다음 중 집합손익 계정에 집합되는 계정이 아닌 것은?

① 매 출
② 미지급임차료
③ 급 여
④ 감가상각비
⑤ 보험료

답 ②
수익과 비용계정은 집합손익 계정에 집합된다.

03. 다음 수입임대료 계정에 기입된 것의 설명으로 옳지 않은 것은?

보기			
	수입임대료		
선수임대료	80,000	현 금	240,000
집합손익	160,000		

① 현금으로 받은 임대료는 240,000원이다.
② 당기의 수입임대료는 160,000원이다.
③ 선수임대료는 수익의 예상에 해당한다.
④ 수입임대료 계정은 수익에 해당한다.

답 ③
- (차) 현 금　　　　　240,000　(대) 수입임대료　　　240,000
- (차) 수입임대료　　　 80,000　(대) 선수임대료　　　 80,000

- 보충설명을 위한 사례

> 회사는 사무실을 임대하고(임대기간 : 20×1.05.01. ~ 20×2.04.30.) 임대료 240,000원을 현금으로 받았다.
>
> → 20×1.05.01. (차) 현 금　　240,000　(대) 수입임대료　　　　240,000
> 　 20×1.12.31. (차) 수입임대료　80,000　(대) 선수수익*　　　　 80,000
> 　　　　　　　　　　　　　　　　　　　　　 (또는 선수임대료)
>
> 　*기간 미경과분에 대해서 수익 취소
> 　 20×2.04.30. (차) 선수수익　　80,000　(대) 수입임대료　　　　 80,000

04. 다음 소모품비 계정에 기입된 내용에 대한 설명으로 옳은 것은?

보기				
		소모품비		
12/01 현 금	80,000	12/31 소모품		35,000
		12/31 집합손익		45,000
	80,000			80,000

① 당기 소모품 사용액은 35,000원이다.
② 당기 소모품 미사용액은 45,000원이다.
③ 소모품 80,000원 구입 시 비용으로 처리하였다.
④ 포괄손익계산서에 계상되는 소모품비는 80,000원이다.

답 ③
- 12/01 (차) 소모품비 80,000 (대) 현 금 80,000
  → 구입한 소모품을 모두 비용처리
- 12/31 (차) 소모품 35,000 (대) 소모품비 35,000
  → 기말에 남아 있는 소모품을 자산계상하고 그만큼 비용 취소
- 비교 : 자산으로 처리 후 기말에 사용분에 대해 비용처리
- 12/01 (차) 소모품 80,000 (대) 현 금 80,000
  → 구입한 소모품을 모두 자산처리
- 12/31 (차) 소모품비 45,000 (대) 소모품 45,000
  → 기말에 사용분을 비용계상

05. 다음 자료에 의하면 결산일에 보험료의 미경과분을 계상하지 않았는데 이를 계상하면 당기순이익은 어떻게 변하는가?

> **보기**
> • 6월 1일 1년분 보험료 360,000원을 현금으로 납부하였다.
> • 12월 31일 결산일에 보험료 미경과분을 계상하지 않았다.

① 150,000원 증가   ② 150,000원 감소

③ 210,000원 증가   ④ 210,000원 감소

답 ①
- '(차) 선급보험료 150,000 / (대) 보험료 150,000' 회계처리가 누락됨
- 상기의 회계처리에 따라 보험료가 취소되면 이익이 150,000원 증가

06. 다음 분개를 추정한 것으로 옳은 것은?

> **보기**
> (차) 이자비용 720,000 / (대) 선급비용 720,000

① 기간 미경과이자 720,000원을 이연처리하다.

② 이자비용 720,000원을 현금으로 지급하다.

③ 전기에 이연처리한 이자비용을 당기에 이자비용 계정으로 대체하다.

④ 이자비용 720,000원을 선이자로 지급하다.

답 ③
전기에 기간 미경과로 인해 자산계상한 선급비용이 당기 중 만기가 도래하게 되므로 이자비용으로 계상하고 자산을 감소시킨다.

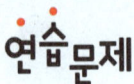

07. ㈜한국은 다음의 결산정리사항을 누락한 상태에서 당기순이익을
300,000원으로 계상하였다. 다음의 결산정리사항을 추가로 반영할 경우
정확한 당기순이익은 얼마인가?

> 보기
>
> • 임차료 미지급분 20,000원
>
> • 단기대여금 이자 선수분 10,000원
>
> • 감가상각비 30,000원
>
> • 수선비 선급분 20,000원

① 240,000원   ② 250,000원

③ 260,000원   ④ 280,000원

답 ③
• (차) 지급임차료   20,000   (대) 미지급비용   20,000 → −20,000
• (차) 이자수익   10,000   (대) 선수수익   10,000 → −10,000
• (차) 감가상각비   30,000   (대) 감가상각누계액   30,000 → −30,000
• (차) 선급비용   20,000   (대) 수선비   20,000 → +20,000
• 300,000 − 40,000 = 260,000

08. 12월 말 결산법인인 ㈜서울은 20×1년 10월 1일 은행에서 1,000,000원을 차입하였다. 이자율은 연 12%이고 이자와 원금은 20×2년 9월 30일에 일시에 지급하기로 하였다. 20×1년 12월 31일에 행할 분개로 올바른 것은?

① (차) 이자비용   30,000   (대) 미지급비용 30,000
② (차) 미지급비용 30,000   (대) 이자비용   30,000
③ (차) 미수수익   30,000   (대) 이자수익   30,000
④ (차) 이자수익   30,000   (대) 미수수익   30,000

답 ①
- 20×1.10.01. (차) 현 금   1,000,000 (대) 단기차입금   1,000,000
- 20×1.12.31. (차) 이자비용*   30,000 (대) 미지급비용   30,000
               (비용의 발생)   (부채의 증가)

  *이자비용 = 1,000,000 × 12% × 3/12 = 30,000

- 20×2.09.30. (차) 미지급비용   30,000 (대) 이자비용   30,000
                  이자비용   120,000   현 금   120,000
                  단기차입금   1,000,000   현 금   1,000,000

- 이자비용을 상계하여 다음과 같이 나타내도 무방하다.
  20×2.09.30. (차) 미지급비용   30,000 (대) 현 금   120,000
                  이자비용   90,000   현 금   1,000,000
                  단기차입금   1,000,000

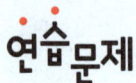

09. 12월 말 결산법인인 ㈜서울은 20×1년 4월 1일에 1년 만기 정기예금에 가입하면서 1,000,000원을 은행에 예치하였다. 이자율은 연 12%이고 이자와 원금은 20×2년 3월 31일에 일시에 수령하기로 하였다. 20×1년 12월 31일 행할 분개로 올바른 것은?

① (차) 이자비용   90,000   (대) 미지급비용 90,000

② (차) 미지급비용 90,000   (대) 이자비용   90,000

③ (차) 미수수익   90,000   (대) 이자수익   90,000

④ (차) 이자수익   90,000   (대) 미수수익   90,000

답 ③

- 20×1.04.01. (차) 정기예금   1,000,000   (대) 현 금   1,000,000
- 20×1.12.31. (차) 미수수익   90,000   (대) 이자수익*   90,000
  (자산의 증가)   (수익의 발생)

  *이자수익 = 1,000,000 × 12% × 9/12 = 90,000

- 20×2.03.31. (차) 이자수익   90,000   (대) 미수수익   90,000
  현 금   120,000   이자수익   120,000
  현 금   1,000,000   정기예금   1,000,000

- 이자수익을 상계하여 다음과 같이 나타내도 무방하다.
  20×2.03.31. (차) 현 금   120,000   (대) 미수수익   90,000
  현 금   1,000,000   이자수익   30,000
  정기예금   1,000,000

10. 12월 말 결산법인인 ㈜서울은 20×1년 4월 1일에 건물을 임대하고 1년 치 임대료 120,000원을 현금으로 수령하면서 전액 수익으로 처리하였다. 20 ×1년 12월 31일 행할 분개로 올바른 것은?

① (차) 임대료수익 90,000   (대) 선수수익   90,000
② (차) 임대료수익 30,000   (대) 선수수익   30,000
③ (차) 선수수익   90,000   (대) 임대료수익 90,000
④ (차) 선수수익   30,000   (대) 임대료수익 30,000

답 ②
• 20×1.04.01. (차) 현 금   120,000 (대) 임대료수익   120,000
                                           (= 수입임대료)
• 20×1.12.31. (차) 임대료수익   30,000 (대) 선수수익   30,000
• 20×2.03.31. (차) 선수수익   30,000 (대) 임대료수익   30,000

11. 12월 결산법인인 ㈜서울은 20×1년 1월 1일에 기계장치를 현금 150,000원에 구입하였다. 동 기계장치는 3년간 사용가능하며 3년 후의 잔존가치는 없다. 따라서 3년간 매년 50,000원을 비용으로 처리하고자 한다. 20×1년 12월 31일 행할 분개로 올바른 것은?

① (차) 감가상각비   50,000 (대) 현 금   50,000
② (차) 감가상각비   50,000 (대) 기계장치   50,000
③ (차) 감가상각누계액 50,000 (대) 감가상각비   50,000
④ (차) 감가상각비   50,000 (대) 감가상각누계액 50,000

답 ④
감가상각비의 상대계정은 기계장치가 아니라 감가상각누계액이다.

8일차
재산이야, 빚이야?

— 선급금과 선수금, 가지급금과 가수금 등

01 선급금·선수금, 유동성장기차입금, 부가가치세

앞으로 자산, 부채, 자본을 구체적으로 알아볼 거야. 그런데 나중에 별도로 다루지 않을 계정들이 좀 있거든. 오늘은 다음의 표에 있는 계정들에 대해서 간단히 알아보는 시간을 갖도록 하자.

자 산	부 채
미수금	미지급금
대여금(단기, 장기)	차입금(단기, 장기, 유동성장기)
선급금	선수금
가지급금	가수금
부가가치세대급금	부가가치세예수금
이연법인세자산	이연법인세부채
	예수금, 충당부채

 미지급금은 배웠는데 미수금은 뭐예요?

미수금은 매출채권과 달리 기업 본래의 상품매매활동 이외에서 발생한 단기의 채권을 의미해. 반대로 미지급금은 기업 본래의 상품매매활동 이외에서 발생한 단기의 채무를 의미하지.

대여금도 안 배웠어요.

차입금이 빌린 돈이라면 대여금은 반대로 빌려준 돈이야. 거래 상대방에게 금전을 빌려주면 대여금(貸與金), 반대로 금전을 빌리면 차입금(借入金)이 되는 거지. 또 만기가 1년 이내면 단기대여금·단기차입금이고, 만기가 1년을 초과하면 장기대여금·장기차입금으로 분류해. 그런데 유동성장기차입금이 뭔지 아니?

처음 들어요.

장기차입금이나 만기가 1년을 초과하는 사채(社債, 회사가 자금조달을 위해 발행한 채권) 중에서 결산일 기준으로 1년 이내에 상환기일이 도래하는 금액을 재분류한 거야. 다음 예제를 통해 이해해보자.

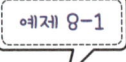

장기차입금과 유동성장기차입금

㈜서울은 20×1년 10월 1일 행복은행으로부터 3,000,000원을 차입하였다. 회사는 해당 차입금 이외의 차입금은 없다. 이 차입금은 20×4년 9월 30일에 2,000,000원을 상환하고 20×5년 9월 30일에 1,000,000원을 상환하는 조건이다. 회사의 결산일은 매년 말이다. 각 일자별 회계처리를 제시하시오.

(풀이)

20×1.10.01.	(차) 현 금	3,000,000	(대) 장기차입금	3,000,000
20×1.12.31.	회계처리 없음(차입금의 만기가 1년을 초과함)			
20×2.12.31.	회계처리 없음(차입금의 만기가 1년을 초과함)			
20×3.12.31.	(차) 장기차입금	2,000,000	(대) 유동성장기차입금*	2,000,000

*20×4년 9월 30일에 만기가 도래하는 차입금 2,000,000원은 결산일 현재 만기가 1년 이내이므로 '유동성장기차입금'으로 계정 대체

20×4.09.30.	(차) 유동성장기차입금	2,000,000	(대) 현 금	2,000,000
20×4.12.31.	(차) 장기차입금	1,000,000	(대) 유동성장기차입금**	1,000,000

**20×5년 9월 30일에 만기가 도래하는 차입금에 대한 계정 대체

20×5.09.30.	(차) 유동성장기차입금	1,000,000	(대) 현 금	1,000,000

왜 굳이 이런 회계처리를 하는 거예요?

나중에 재무분석하면서 배우게 될 텐데, 재무분석 시 중요한 유동비율을 보다 정확하게 산출하기 위해서야. 장기차입금은 비유동부채이지만 유동성장기차입금은 유동부채에 해당하거든.

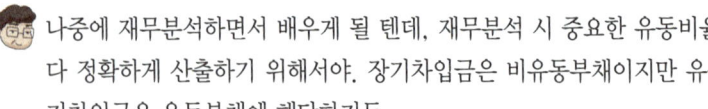

선급금(先給金)과 선수금(先受金)의 차이는 뭔데요?

선급금은 거래의 이행을 확실하게 하기 위해 상품이 인도되기 전에 대금의

일부를 계약금 명목으로 선지급한 금액을 말하지. 선수금은 동일한 이유로 미리 받은 것이고.

선급금과 선급비용의 차이는요?

선급비용은 결산수정분개에서만 나타나는 거야.

그럼 예수금(預受金)은 뭐예요?

네가 취업을 하게 되면 회사에서 급여를 받게 될 거야. 그런데 너의 첫 월급이 2,000,000원이라고 해도 전액을 다 지급하지 않아.

왜요?

근로소득세 원천징수분과 4대 보험료 등을 차감한 금액을 지급하거든. 4대 보험이 뭔지는 알고 있지?

알바하면서 배웠어요. 국민연금, 건강보험, 산재보험, 고용보험요.

그래. 회사는 보통 그 다음 달 10일에 근로소득세와 4대 보험료를 각각 세무서나 보험공단에 납부해. 다시 말해서 예수금이란 일반적인 상거래 이외에서 발생하는 현금수령액 중 일시적으로 보관했다가 곧 제3자에게 다시 지급해야 하는 금액을 말해.

쥐꼬리만 한 월급에서 그런 것까지 떼 가고 너무하네요.

이런! 4대 보험과 소득세는 당연한 의무이자 권리야. 그리고 원천징수된 소득세는 연말정산 절차를 통해 대부분 환급받게 된다고. 뿐만 아니야. 4대 보험의 경우 회사는 직원이 부담하는 것만큼을 부담하게 되어 있어.

 그래요?

현재 우리나라 소득세에서 문제점 중의 하나가 소득세를 전혀 부담하지 않는 근로소득자의 비중이 너무 크다는 것이지. 나중에 소득세를 공부하게 되면 알게 될 거야.

으악! 세법도 공부하라고요?

하하, 당장 하라는 건 아니고, 예수금을 공부했으니 부가가치세선급금과 부가가치세예수금에 대해서도 한번 짚고 넘어가자. 부가가치세선급금은 부가가치세대급금이라고도 해.

부가가치세대급금과 부가가치세예수금

부가가치세법상 과세사업을 영위하는 ㈜서울에 20×1년 제1기 부가가치세 예정 신고기간(20×1년 1월 1일 ~ 20×1년 3월 31일) 동안 매출(15,000,000원)과 매입 (10,000,000원)이 각 1건 있었다. 거래금액은 부가가치세가 제외된 가액이며 현금거 래에 해당한다. 부가가치세 매입세액은 공제가능하며 회사는 부가가치세 신고납부 기한인 20×1년 4월 25일에 부가가치세를 납부하였다. 매출 시, 매입 시, 부가가치세 납부 시의 회계처리를 제시하시오. 회사는 실지재고조사법을 적용하고 있다. 단, 우 리나라의 부가가치세 세율은 10%이다.

(풀이)
* 매출 시
  (차) 현 금   16,500,000   (대) 매 출   15,000,000
                                          부가가치세예수금   1,500,000

* 매입 시
  (차) 매 입   10,000,000   (대) 현 금   11,000,000
      부가가치세대급금   1,000,000

* 부가가치세 납부 시
  (차) 부가가치세예수금   1,500,000   (대) 부가가치세대급금   1,000,000
                                          현 금   500,000

부가가치세는 부가가치세예수금과 부가가치세대급금의 차액만큼을 납부하는 거네요. 그러면 매출이 발생하면 이렇게 다 부가가치세를 납부해야 하는 거예요?

부가가치세 과세사업에 해당하면 그렇지.

부가가치세 과세사업인 것과 아닌 것들은 어떻게 구분되나요?

 금융업이나 미가공 농수산물, 의료보건용역 등은 대부분 부가가치세 면세 사업이야. 마트에서 물품을 구입하면 부가가치세가 부과되는 것과 부과되지 않는 것이 구분표시된 영수증을 받게 될 테니까 확인해봐.

 사업자 입장에서는 면세사업이 더 유리하겠네요. 부가가치세를 안 내니까요.

 그렇게 생각하기 쉽지만 그렇지 않아. 면세사업의 경우에는 부가가치세 매출세액이 발생하지 않는 대신 매입세액공제도 받지 못하기 때문에 유리하다고만 볼 수는 없어.

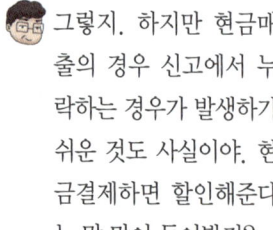 아, 면세사업이 아니면 매출이 발생할 때 부가가치세 납세의무도 생긴다는 말이네요?

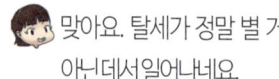 그렇지. 하지만 현금매출의 경우 신고에서 누락하는 경우가 발생하기 쉬운 것도 사실이야. 현금결제하면 할인해준다는 말 많이 들어봤지?

맞아요. 탈세가 정말 별 거 아닌데서 일어나네요.

02 가지급금과 가수금

 자, 오늘은 가지급금과 가수금에 대해서 알아보자. 회계학보다 오히려 세법에서 더 중요한 사항이야. 다음 예제를 먼저 보는 것이 이해가 빠를 거야.

예제 8-3

(1) ㈜서울은 다음과 같은 거래를 하였다.

- 5월 15일, A사원을 출장 보내기 위해서 여비예상액으로 200,000원을 지급하였다.
- 6월 20일, A사원이 출장에서 돌아와 여비를 정산한 결과 남은 50,000원을 반납하였다.
- 일자별 회계처리를 제시하시오.

(풀이)

•	5월 15일	(차) 가지급금	200,000	(대) 현 금	200,000
•	6월 20일	(차) 여비교통비	150,000	(대) 가지급금	200,000
		현 금	50,000		

(2) ㈜부산에 다음과 같은 거래가 발생하였다.

- 11월 30일, 당좌예금 통장에 내역을 알 수 없는 금액 3,000,000원이 입금되다.
- 12월 10일, 11월 30일 당좌예금에 입금된 금액이 거래처에서 매출채권을 지급한 금액으로 판명되다. 각 일자별 회계처리를 제시하시오.

(풀이)

•	11월 30일	(차) 당좌예금	3,000,000	(대) 가수금	3,000,000
•	12월 10일	(차) 가수금	3,000,000	(대) 매출채권	3,000,000

가지급금(假支給金)이란 현금이나 수표 등에 의한 지출은 이미 이루어졌으나 그것을 처리할 계정과목이나 금액이 확정되지 않은 경우에 그 내용이 확정될 때까지 일시적으로 처리하는 계정을 의미해. 임시계정이지. 그러면 가수금은 뭐겠니?

노래하는 가수랑은 상관없죠? 헤헤.

하하, 너도 아재개그를 하는구나. 가수금(假受金)이란 현금은 수령했으나 정확하게 처리할 계정을 찾지 못해서 임시로 수령액을 기록하는 계정을 말해. 그리고 가지급금이나 가수금은 재무제표에는 나타날 수 없어. 그레시 결산시점에 저전한 다른 계정으로 대체해야 해.

재무제표에 나타날 수 없는데 회계처리를 어떻게 해요?

재무제표에 나타날 수 없다는 의미는 합계잔액시산표까지는 나타나고 재무상태표, 손익계산서 작성 시에는 제거해야 한다는 뜻이야.

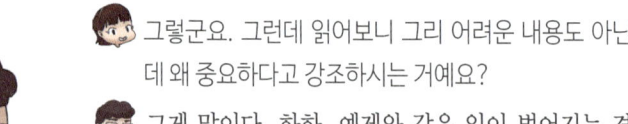

그렇군요. 그런데 읽어보니 그리 어려운 내용도 아닌데 왜 중요하다고 강조하시는 거예요?

그게 말이다, 하하. 예제와 같은 일이 벌어지는 경우는 사실상 거의 없어. 출장비를 반납하는 애사심 큰 직원도 없거니와 출처를 알 수 없는 돈이 입금되는 일도 흔한 일이 아니지.

 그러면 가수금은 어떤 경우에 발생하는 거예요?

회사에 보유한 현금이 없는 상황에서 지출이 발생하면 결국은 대표이사나 대주주 등이 자신의 개인자금으로 지급할 수밖에 없는데, 그때 등장하는 계정이 가수금이야. 결국 기말에 대표이사나 대주주로부터의 차입금으로 계상해야 할 것들이지.

그러면 가지급금은요?

가지급금은 대표이사나 대주주 등 회사에 지배력을 갖는 자가 임의로 자금을 인출하여 발생하는 경우가 대부분이야.

대표이사나 대주주가 그렇게 회사자금을 인출해도 되나요?

아니. 대주주는 이사회, 주주총회의 결의를 통해 배당을 받고, 대표이사는 급여와 상여를 받아. 물론 대주주나 대표이사가 각각 배당소득, 근로소득에 대한 소득세를 납부하고 가져간다면야 문제될 것이 없겠지. 하지만 소득세의 부담 없이 자금을 임의로 인출하는 것은 안 돼.

100% 지분을 가진 주주가 회사자금을 인출해도 마찬가지예요?

마찬가지야. 100% 지분을 가진 주주가 대표이사라고 하더라도 법인은 엄연히 별도의 법인격이 있는 것이므로 민사상, 형사상 책임이 있는 것이지.

심각하네요. 어떤 법적 문제가 있는 거예요?

솔직히 아빠도 그건 잘 몰라. 그건 변호사들이 담당하는 분야니까. 아빠는 세법상 문제점만 지적하도록 할게.

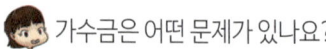 가수금은 어떤 문제가 있나요?

가수금에 대해서는 원칙적으로 세법에서 별 제약이 없어(상속세 및 증여세 법상 금전무상대여의 증여의제 문제가 발생하지만 본 책의 수준을 고려하여 무시하기로 한다). 보통 무이자로 자금을 빌려준 형태일 테니 회사에서 손해를 본 게 없잖아.

가지급금은요?

가지급금이 발생하면 그 금액만큼 금융상품에 투자하여 이익을 내거나 차입금을 상환하여 이자비용을 줄일 기회를 상실했으므로 법인의 이익을 감소시킨 결과가 되잖니?

그렇구나.

그래서 기회비용에 해당하는 만큼 '인정이자'를 계산하여 법인의 이익에 포함시키는 거야. 뿐만 아니라 업무무관자산으로 간주하여 회사의 지급이자 중 일부에 대해서도 세법상 비용으로 불인정하고 있어.

어휴, 이건 회계학이 아니고 세법이잖아요.

그러게, 설명하다 보니 그렇게 되었네. 가지급금과 가수금은 이 정도까지만 하자.

이연법인세자산과 이연법인세부채는 뭐예요?

이건 세법에 대한 배경지식이 필요해서 그냥 명칭만 기억해둬.

 충당부채는요?

새 차를 구입하면 보통 일정기간 동안 무상으로 애프터서비스를 받을 수 있 잖아? 그렇게 무상보증기간에 발생하는 비용을 판매보증비라고 하는데, 자 동차제조회사의 경우 과거 경험에 따라서 새 차를 판매할 때 어느 정도의 판매보증비가 발생할지 추정이 가능하거든. 그렇기 때문에 판매보증비를 지급시점이 아닌 판매시점에 인식하지. 그리고 이때 발생하는 것이 판매보 증충당부채야.

그러면 판매보증비를 지급할 가능성이 조금만 있어도 부채로 계상해야 하는 거 예요?

그건 아니야. 기업이 현재 존재하는 의무에 대해서 미래에 지출할 가능성이 높다면 지출시기와 금액이 불확실하더라도 부채로 인식해야 하는 것이지. 하지만 가능성이 높지 않다면 충당부채로서 부채가 계상되는 것이 아니라 우발부채로서 주석에 공시되어야 하지. 물론 가능성이 아주 낮다면 주석 공 시조차 불필요해.

네.

끝으로 한국채택국제회계기준에서는 부채를 금융부채와 그 이외의 부채로 구분하고 있어.

구 분	금융부채	그 이외의 부채
계정과목	매입채무, 미지급금, 차입금, 사채 등	선수금, 충당부채

선수금이나 충당부채가 금융부채가 아닌 이유가 뭐예요?

 확정되지 않았거나, 결정 가능한 화폐단위로 지급할 의무가 아니라는 뜻이지. 선수금은 과거에 현금을 수령하고 그 대가로 향후에 재화나 용역을 제공할 의무니까.

 그렇군요. 어휴, 이제 힘들어요.

 하하, 오늘은 여기까지 하자.

- 미수금 : 기업 본래의 상품매매활동 이외에서 발생한 단기의 채권
- 미지급금 : 기업 본래의 상품매매활동 이외에서 발생한 단기의 채무
- 유동성장기차입금 : 장기차입금이나 만기가 1년을 초과하는 사채 중에서 결산일 기준으로 1년 이내에 상환기일이 도래하는 금액을 재분류한 것
- 선급금 : 거래의 이행을 확실하게 하기 위해 상품이 인도되기 전에 대금의 일부를 계약금 명목으로 선지급한 금액
- 선수금 : 선급금과 동일한 이유로 미리 받은 금액
- 예수금 : 일반적인 상거래 이외에서 발생하는 현금수령액 중에서 일시적으로 보관했다가 곧 3자에게 다시 지급해야 하는 금액
- 가지급금 : 현금이나 수표 등에 의한 지출은 이미 이루어졌으나 그것을 처리할 계정과목이나 금액이 확정되지 않은 경우에 그 내용이 확정될 때까지 일시적으로 처리하는 계정
- 가수금 : 현금은 수령했으나 정확하게 처리할 계정을 찾지 못해서 임시로 수령액을 기록하는 계정
- 가지급금이나 가수금은 재무제표에는 나타날 수 없고, 결산시점에는 적절한 다른 계정으로 대체해야 한다.

01. ㈜서울은 20×1년 10월 1일 고려은행으로부터 3,000,000원을 차입하였다. 회사는 해당 차입금 이외의 차입금은 없다. 이 차입금의 상환기일은 20×4년 9월 30일에 1,000,000원을 상환하고 20×5년 9월 30일에 2,000,000원을 상환하는 조건이다. 차입금이 예정대로 정상 상환되었을 경우 20×3년 12월 31일에 회사가 재무상태표에 계상할 유동성장기차입금의 잔액은 얼마인가?

① 0원

② 1,000,000원

③ 2,000,000원

④ 3,000,000원

답 ②

- 20×1.10.01.
  (차) 현 금   3,000,000   (대) 장기차입금   3,000,000
- 20×3.12.31.
  (차) 장기차입금   1,000,000   (대) 유동성장기차입금 1,000,000
- 20×4.09.30.
  (차) 유동성장기차입금 1,000,000   (대) 현 금   1,000,000
- 20×4.12.31.
  (차) 장기차입금   2,000,000   (대) 유동성장기차입금 2,000,000
- 20×5.09.30.
  (차) 유동성장기차입금 2,000,000   (대) 현 금   2,000,000

02. 다음 중 금융부채로 분류할 수 없는 것은?

① 차입금

② 선수금

③ 매입채무

④ 미지급금

📖 ②

선수금은 현금으로 지급할 의무가 아니기 때문에 금융부채가 될 수 없다.

9일차
거래는 약속이에요

— 기업회계기준, 어음과 수표, 당좌예금

01 한국채택국제회계기준 등

 아빠! 학교에서 쓰는 교재를 보니까 'IFRS회계원리'라고 쓰여 있던데 'IFRS'가 뭐예요?

 국제회계기준을 의미해. 'International Financial Reporting Standards'의 약자지.

국제회계기준이라면 미국회계기준인가요?

아니, 말 그대로 국제회계기준이야. 국가마다 상이한 회계기준 적용으로 발생한 여러 가지 문제점을 해결하기 위해 만들어졌지.

어떤 문제점이 있었는데요?

예를 들어 우리나라 기업이 미국의 자본시장에서 자금을 조달하고자 하면 미국의 회계기준에 따라 재무제표를 재작성해야 하는 번거로움이 있었지. 또 국가마다 상이한 회계기준에 따라 작성된 회계정보들을 비교분석하는 데도 어려움이 많았고.

그래요? 그런데 한국채택국제회계기준이란 것도 있던데요?

별개의 것이 아니라 국제회계기준을 번역한 거야.

 우리나라에서는 한국채택국제회계기준만 쓰나요?

 그건 아니야. 2011년부터 상장회사의 경우 국제회계기준이 의무적으로 적용되기 시작했는데, 나머지 회사들은 대부분 일반기업회계기준을 쓰고 있어.

 일반기업회계기준은 또 뭐예요?

 국제회계기준을 적용하지 않는 비상장기업에 대해서 회계기준위원회가 2011년부터 적용하도록 의무화된 기업회계기준이지. 국제회계기준 도입 전에 사용하고 있던 우리나라의 독자적인 회계기준을 모태로 하고 있어.

그러면 우리나라에서는 한국채택국제회계기준과 일반기업회계기준 두 가지가 적용되는 거예요?

중소기업회계기준이란 것도 있어. 하지만 외부감사대상이 아닌 주식회사에 적용하게 되어 있어서 실무상 중요성은 떨어진다고 봐야지. 공인회계사, 세무사 등의 자격시험에는 한국채택국제회계기준으로 출제하도록 정해져 있어. 너한테 설명하는 것도 대부분 한국채택국제회계기준에 따른 것이지.

국제회계기준

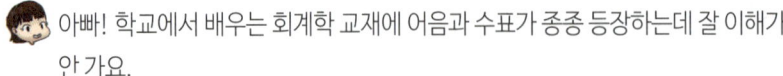

02 어음과 당좌예금

👦 아빠! 학교에서 배우는 회계학 교재에 어음과 수표가 종종 등장하는데 잘 이해가 안 가요.

👨 그래? 어음과 수표는 상거래에서 기본적으로 알아야 할 내용이니 오늘 한번 배워보자. 먼저 어음부터 알아볼까?

👦 네, 좋아요.

👨 어음에는 약속어음과 환어음이 있는데 환어음은 수출거래에서 주로 이용되고 일반적으로는 실무상 약속어음이 대부분 이용되니까 약속어음에 대해서만 알아보도록 하자.

👦 약속어음이 뭐예요?

👨 약속어음이란 어음의 발행인이 일정한 일자, 즉 지급일에 어음의 수취인에게 일정한 금액을 지급할 것을 약속한 증서를 말해. 따라서 어음의 발행인은 어음상의 채무자가 되고 어음의 수취인은 어음상의 채권자가 돼. 약속어음은 이렇게 생겼어.

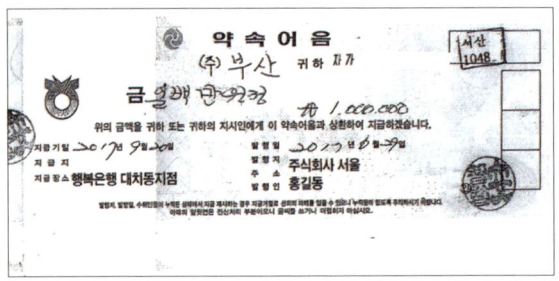

2017년 6월 29일에 주식회사 서울의 홍길동이 2017년 9월 20일에 ㈜부산에게 1,000,000원을 지급하겠다고 약속한 증서지요? 그런데 실제로 돈을 지급한 것은 아니잖아요? 굳이 어음을 발행한 이유가 있나요?

어음을 받게 되면 대금을 수령할 때 은행에 지급제시만 하면 되고 설령 대금을 수령하지 못한 경우에도 소송하기에도 편리해. 그런데 여기 지급장소로 기재된 '행복은행 대치동지점'의 의미는 뭘까?

글쎄요, 은행에서 만나서 지급하기로 한 건가?

하하! 그걸 이해하려면 '당좌예금'을 알아야 해. 당좌예금이란 기업이 은행과 당좌계약을 맺고 은행에 현금을 입금하고 필요에 따라 당좌수표나 약속어음을 발행하여 인출할 수 있는 예금을 말해.

현금지급기에서 인출하는 것이 아니라는 점이 다르네요.

그렇다고 볼 수 있어. 지급장소로 제시된 은행이 어음발행인의 당좌예금 계좌가 개설된 은행인 것이지. 다음의 예제를 풀어보면 좀 더 이해가 될 거야.

당좌예금과 당좌차월

- 12월 3일, ㈜서울은 행복은행과 당좌차월 한도를 1,000,000원으로 해서 당좌거래 계약을 체결하고, 현금 1,000,000원을 당좌예금 계좌에 예입하다.
- 12월 10일, 외상매입대금을 지급하기 위해 500,000원의 수표를 발행하다.
- 12월 15일, 회사가 보관하고 있던 ㈜부산이 발행한 수표 200,000원을 당좌예입하다.
- 12월 20일, 기계장치를 취득하고 800,000원의 수표를 발행해서 지급하다.
- 각 일자 별 회계처리를 제시하고 T계정에 전기하고 재무상태표에 표시하시오.

(풀이)

12월 3일	(차)	당좌예금	1,000,000	(대)	현 금	1,000,000
	(당좌거래계약 체결은 회계상 거래에 해당하지 아니함)					
12월 10일	(차)	매입채무	500,000	(대)	당좌예금	500,000
12월 15일	(차)	당좌예금	200,000	(대)	현 금	200,000
12월 20일	(차)	기계장치	800,000	(대)	당좌예금	800,000

당좌예금

12/03 ①	1,000,000	12/10 ②	500,000
12/15 ③	200,000	12/20 ④	800,000
		기 말	−100,000 plug*
	1,200,000		1,200,000

*'plug'는 끼워 넣기 계정을 의미한다. 다른 계정들의 금액이 결정난 후 차·대변을 일치시키는 금액이다.

부분 재무상태표

	단기차입금**	100,000

** (−)의 당좌예금 잔액을 재무상태표에 '단기차입금 100,000'으로 표시한다.

 당좌예금이 (–)가 되네요. 이런 경우도 있어요?

회사가 은행과 당좌차월 약정을 맺으면 마이너스통장을 쓸 수 있거든. 그런 경우에는 가능하지.

당좌차월이요?

당좌차월은 약정상 허용된 한도 내에서 당좌예금 잔액을 초과해서 수표를 발행하여 사용할 수 있도록 하는 제도를 말해. 은행에서는 당좌대월이라고 불러.

그러면 당좌예금 잔액이 (–)가 되는 거예요?

아니, 단기차입금으로 대변에 표시해야 해. 또 회사 측의 당좌예금 계정 잔액은 은행 측의 당좌예금 잔액과 항상 일치해야 하지만, 여러 가지 이유로 일치하지 않는 경우가 많아. 이를 일치시키기 위해 '은행계정조정표'를 작성하게 돼.

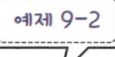

은행계정조정표

㈜서울은 20×1년 12월 31일 현재 총계정원장의 당좌예금 계정의 잔액이 500,000원이었으나, 거래은행인 행복은행으로부터 당좌예금 잔액증명서를 받아 증명서상의 잔액을 확인한 결과 529,000원으로 파악되었다. 두 잔액의 차이에 원인으로 판단되는 항목을 조사해서 다음과 같은 자료를 얻었다. 회사 측의 정확한 당좌예금 잔액은 얼마인가?

① 기발행미인출수표 30,000원
② 결산일 현재 마감 후 예금 입금액 11,000원
③ 12월 29일 어음 추심금액(㈜부산) 20,000원
④ 은행수수료 계상금액 4,000원
⑤ 받을어음 부도 발생금액 6,000원

(풀이)

회사 측		은행 측	
수정 전	500,000	수정 전	529,000
③ 추심어음	20,000	① 기발행미인출수표	−30,000
④ 은행수수료	−4,000	② 미기입예금	11,000
⑤ 부도어음	−6,000		
수정 후	510,000	수정 후	510,000

 으… 풀이를 봐도 잘 모르겠어요.

 하나씩 차근차근 해보자. 회사 측 오류와 은행 측 오류로 구분하는 것부터 해야 해.

 은행도 오류를 범하나요?

오류라기보다 불가피한 경우라고 봐야지. ①처럼 회사가 거래처에 이미 당좌수표를 발행하여 교부했는데 거래처가 아직 지급제시를 하지 않은 상황이 그런 경우지. 인출하든 말든 그건 거래처의 권리니까. 하지만 이미 그 돈은 없는 것으로 간주해야 하니까 은행 측은 잔액에서 차감시키는 거야.

아! ②미기입예금이란 건 예금을 했는데 기록을 안 했다는 거죠? 왜 그래요?

역시 실무상 가끔 발생하는 일이야. 보통 회사의 담당자들은 은행 마감시간인 오후 4시보다 훨씬 늦게 은행에 도착하는 경우가 많아. 이때 은행에서는 이미 그날 마감이 끝나서 예금을 받게 되면 결산을 다시 해야 하는 경우가 있지. 그럴 때는 회사에서도 다시 현금을 회사로 도로 가져가기에는 부담스러우니까 은행에 맡겨두고 가는데 예금은 그 다음 날 입금된 것으로 처리되는 거야.

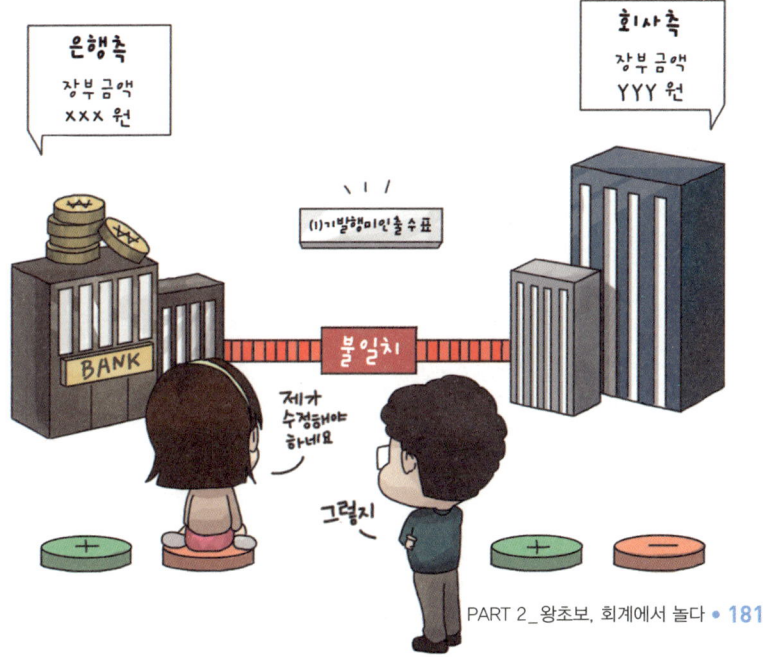

아하!

③ 추심어음은 매출채권이 회수된 사실을 회사가 모른 거고, ⑤ 부도어음은 매출채권이 당연히 회수되었다고 생각했지만 부도발생으로 입금되지 않은 사실을 회사가 모른 거니까 당연히 회사 측에 반영되어야 하겠지. ④ 은행수수료도 마찬가지야. 회사가 수수료가 지급된 사실을 몰랐던 것이니까 회사 측 잔액에서 조정해야 하지. 이런 조정사항들을 반영하면 회사와 은행 측 잔액이 일치하게 돼.

와! 정말 그러네요. 그런데 어음에는 꼭 은행표시가 있어야 하는 거예요?

그건 아니야. 은행에서 발행한 어음용지가 아닌 어음을 속칭 문방구어음이라고 부르지. 어음용지를 문방구에서 판다고 부르는 이름이야.

03 당좌수표와 어음

아빠, 당좌수표와 약속어음의 차이는 뭐예요?

당좌수표는 당좌예금을 인출하기 위한 수단이야. 소지인이 지급제시하면 즉시 현금이 지급되기 때문에 어음과 달리 만기가 없어.

당좌수표가 자기앞수표와 다른 점은 뭐예요?

당좌수표는 당좌예금 계좌를 개설한 기업이 발행하는 것이고, 자기앞수표는 은행이 발행한 것이라는 차이가 있지. 특히 자기앞수표는 은행이 발행한 것이라 신용도가 높아서 사실상 현금처럼 이용되고 있어.

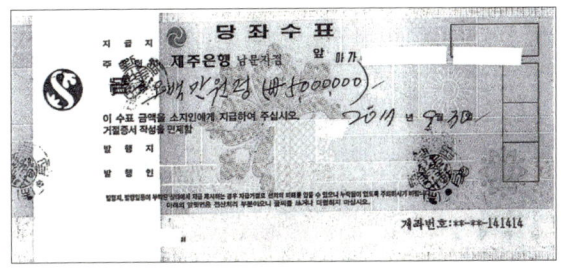

어음은 발행일부터 만기일까지 자유롭게 유통이 가능해. 어음의 뒷면을 한 번 살펴보자. 문구 한번 읽어볼래?

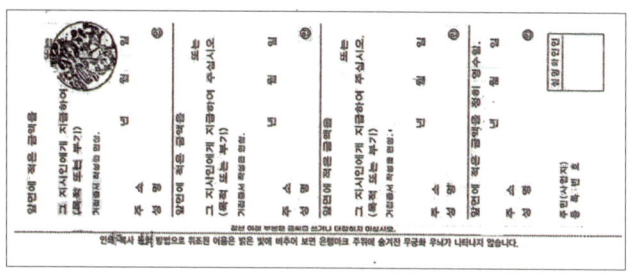

음, '앞면에 적은 금액을 ○○ 또는 그 지시인에게 지급하여 주십시오' 라고 쓰여 있어요.

그 말은 곧 타인에게 양도된 어음은 또 다른 타인에게 양도할 수 있다는 의미야. 이렇게 수취한 어음을 타인에게 양도하는 것을 어음 뒷면에 글씨를 썼다고 해서 배서(背書)라고 해. 또 수취한 어음을 금융기관에게 양도하고 이자를 뗀 나머지 금액을 조기회수할 수도 있는데 이것을 어음할인이라고 하지.

이자를 떼는 이유가 뭐예요?

만기가 되기 전이니까 만기에 수령하는 금액을 모두 지급할 수는 없고, 어음의 할인일부터 만기일까지의 기간에 해당하는 이자를 차감하는 것이지.

금융기관이 왜 그런 업무를 하는 거예요?

금융기관 입장에서는 일종의 여신(與信), 즉 대출인 것이지. 다음의 예제를 풀어보자.

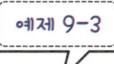

약속어음의 할인

㈜서울에 다음과 같은 거래가 발생하였다. 각 일자별로 회계처리를 제시하시오.

- 3월 4일, 원재료를 거래처로부터 400,000원에 구입하고 보유 중인 타인발행 약속어음(상품판매대금)을 배서해 주다.
- 4월 30일, 배서한 약속어음이 정상적으로 결제된다.
- 5월 2일, 상품판매대금으로 받은 약속어음 1,000,000원(만기 3개월)을 2개월 경과 후 은행에서 연 12% 이자율로 할인받아 현금을 수령하였다. 단, 해당 거래는 자산제거요건을 충족하며 할인료는 월할계산한다.
- 6월 2일, 할인한 약속어음이 정상적으로 결제된다.

(풀이)

- 3월 4일　　(차) 원재료　　　　　400,000　(대) 매출채권　　　　400,000
- 4월 30일　회계처리 없음
- 5월 2일　　(차) 현　금　　　　　990,000　(대) 매출채권　　1,000,000
　　　　　　　　매출채권처분손실*　　10,000

*할인료 = 1,000,000 × 12% × 1/12 = 10,000
따라서 할인료 10,000원을 차감한 990,000원을 수취하게 된다.

- 6월 2일　　회계처리 없음

 만기에 어음발행인이 약속한 금액을 지급하지 못하면 어떻게 되는 거죠?

 그런 경우를 '부도어음'이라고 해.

회사에 부도가 발생하면 당좌예금거래가 정지되기 때문에 사실상 영업을 지속하기 어려워지게 돼. 그래서 '부도발생'은 건전기업과 부실기업의 경계라고 볼 수도 있어.

그렇군요. 약속어음은 물품대금이나 용역에 대한 대가로만 지급해요?

 반드시 그런 것은 아니야. 단순히 돈을 빌리기 위해서 발행되는 경우도 있어. 재화나 용역에 대한 대가로 발행되는 어음은 상업어음(= 진성어음, 물대어음)이라고 하고 자금의 조달을 위해 발행되는 어음은 기업어음(= 금융어음, 융통어음, 공어음, CP)이라고 해.

 어음에 그렇게 쓰여 있어요?

 그건 아니야. 하지만 거래당사자들은 어음의 발생원인을 알고 있으니 구분하는 데 문제가 없지. 다음의 예제를 풀어보자.

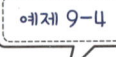

㈜서울은 3월 1일에 ㈜부산에게 현금으로 자금을 대여하고 만기 5월 31일 이자부(利子附) 약속어음* 1,000,000원(연 이자율 12%)을 수령하였다. 그리고 이 어음이 만기가 되어 은행추심을 통해 ㈜서울의 계좌로 원금과 이자가 입금되었다. 단, 이자수익은 월할계산한다.

(풀이)

• 3월 1일	(차) 단기대여금	1,000,000	(대) 현 금	1,000,000	
• 5월 31일	(차) 현 금	1,030,000	(대) 단기대여금	1,000,000	
			이자수익**	30,000	

*만기에 액면가액과 발생이자를 수취하게 되는 어음
**이자수익 = $1,000,000 \times 12\% \times 3/12 = 30,000$

 어음을 받았는데도 받을어음이 아니네요?

 거래의 성격이 매출채권에 해당해야 받을어음을 쓸 수 있어. 미수금에 해당한다면 어음을 받았어도 받을어음이 아니라 미수금이라고 써야 하지.

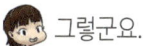 그렇군요.

기업어음은 회사의 단기자금 조달수단으로 종종 이용되기도 해. 그러다 보니 부도가 났을 때 사회적인 파장이 큰 경우도 있어.

실제로 그런 적이 있어요?

2013년 가을에 발생한 동양사태가 대표적인 경우야. 일반인들이 증권사 창구를 통해서 ㈜동양이 발행한 기업어음을 매입했다가 부도가 발생하여 낭패를 보게 된 사건이지.

어음이 부도가 나면 여러 가지 문제가 생기겠네요.

뿐만 아니라 어음이 부도가 나면 배서인들도 문제가 되는 경우가 많아. 아까 어음을 타인에게 양도하는 것을 어음의 배서라고 한다고 말했지? 그런데 배서인이 있는 어음이 부도처리되면 어음의 최종소지인은 어음발행인뿐만 아니라 어음배서인에게도 지급을 요구할 수 있는 것이 보통이거든.

네? 어음배서인 입장에서는 그냥 자기 손을 거쳐 간 어음일 뿐인데 책임져야 한다는 것은 너무한 거 아니에요?

그런 점도 있지. 그래서 배서할 때 이 어음이 부도가 발생해도 책임지지 않는다는 내용의 배서도 가능하기는 해. 하지만 그렇게 배서하는 경우가 많지는 않아. 그러다 보니 과거에 대기업 한 군데가 부도가 나면 관련 중소기업들에도 줄줄이 부도가 발생하곤 했어.

와, 무서운데요. 어음이나 수표를 분실하면 어떻게 되나요? 완전히 잃어버리면 찾을 방법이 없나요?

방법이 없지는 않아. 어음이나 수표를 분실하게 되면 은행에 분실신고를 하고 법원에 제권판결(除權判決)을 신청해서 공시최고(公示催告)절차를 거쳐서 확정판결을 받으면 돼. 하지만 이러한 절차가 마무리되는 데 상당한 시일이 소요되고, 공시최고절차 중에 어음이나 수표를 선의취득(善意取得, 분실된 어음이나 수표인지 알지 못하고 취득)이라고 주장하는 사람이 나타나면 누가 진정한 권리자인지까지 다투어야 하니 간단한 일은 아니지.

그러니까 어음이나 수표를 분실하면 정말 낭패를 겪겠네요.

수표의 경우에는 '횡선수표'제도가 있어. 수표에 횡선을 긋게 되면 은행에 일단 입금한 후가 아니면 현금화할 수 없기 때문에 부정한 소지인은 지급은행과 직접거래가 없는 한 지급을 받을 수 없어. 다른 은행에 입금했다 해도 교환결제 종료 후까지는 인출이 되지 않기 때문에 그 사이 정당한 소지인은 은행에 신고하여 대책을 강구할 수 있지. 설령 수표금액이 지급된 후라도 그때까지의 과정을 추적하면 부정취득자의 색출이 쉬워지고 말이야.

휴, 어음의 분실위험을 방지할 만한 수단은 없나요?

전자어음이라는 제도가 있어. 전자어음이란 기존의 실물어음과는 달리 전자문서 형태로 작성되는데, 전자어음을 발행하고자 하는 자가 전자어음 관리기관에 등록한 약속어음을 의미하지.

종이어음과의 차이점은 뭐예요?

 전자어음은 기존 실물어음과 같이 이용되지만, 발행 · 배서 · 권리행사 및 소멸 등의 모든 단계가 온라인에서 전자적인 방법으로 처리돼. 구체적으로는 ① 전자어음관리기관에 등록되어야 하고, ② 백지어음의 발행 · 배서는 불가능해. ③ 지급지는 금융기관(은행)으로 한정되어 있고, ④ 만기는 발행일로부터 3개월을 초과할 수 없으며, ⑤ 총 배서횟수는 20회로 제한되어 있어. 그리고 ⑥ 발행 · 배서 등의 행위는 전자서명에 의하지.

 공부를 할수록 궁금한 것들이 자꾸만 쏟아지네요.

 하하, 공부가 그렇지 뭐.

요약하기!

- 국가마다 상이한 회계기준 적용으로 여러 가지 문제점이 있었으며 이를 해결하기 위해 국제회계기준이 도입되어 2011년부터 상장회사의 경우 국제회계기준이 의무적으로 적용되고 있다.
- 한국채택국제회계기준 : 국제회계기준을 번역한 것
- 일반기업회계기준 : 국제회계기준을 적용하지 않는 비상장기업에 대해서 회계기준위원회가 2011년부터 적용하도록 의무화된 기업회계기준
- 약속어음 : 어음의 발행인이 일정한 일자(지급일)에 어음의 수취인에게 일정한 금액을 지급할 것을 약속한 증서
- 약속어음의 발행인 = 어음상의 채무자
- 약속어음의 수취인 = 어음상의 채권자
- 어음의 배서 : 수취한 어음을 타인에게 양도하는 것
- 어음할인 : 수취한 어음을 금융기관에게 양도하고 이자를 뗀 나머지 금액을 조기회수하는 것

연습문제

01. 다음 자산의 증가 및 부채의 증가라는 결합관계를 나타내는 거래는?

① 미지급한 퇴직금을 지급하다.
② 은행에서 현금을 차입하다.
③ 외상매출금을 어음으로 회수하다.
④ 외상매입금을 현금으로 지급하다.

답 ②

- (차) 현 금 　　　　×××　(대) 차입금 　　　　×××
　　(자산의 증가)　　　　　　(부채의 증가)

① (차) 미지급비용　×××　(대) 현 금 　　　　×××
　　(부채의 감소)　　　　　　(자산의 감소)
③ (차) 받을어음　　×××　(대) 외상매출금　×××
　　(자산의 증가)　　　　　　(자산의 감소)
④ (차) 외상매입금　×××　(대) 현 금 　　　　×××
　　(부채의 감소)　　　　　　(자산의 감소)

구 분		채 권		채 무	
주된 영업 O	어음수취 (교부) ×	외상매출금	재무상태표 공시 매출채권	외상매입금	재무상태표 공시 매입채무
	어음수취 (교부) o	받을어음		지급어음	
주된 영업 ×	어음수취 (교부) 여부 무관	미수금		미지급금	

190 • 회계기초 탈출기

02. 다음 분개를 보고 거래 내용을 바르게 추정한 것은?

> **보기**
>
> (차) 외상매입금 500,000 / (대) 지급어음 500,000

① 어음대금의 현금지급
② 외상대금을 약속어음으로 회수
③ 외상대금을 약속어음으로 발행지급
④ 상품 주문

③

• 부채의 감소 / 부채의 증가

① (차) 지급어음   500,000   (대) 현 금   500,000
② (차) 받을어음   500,000   (대) 외상매출금 500,000
④ 회계상 거래에 해당하지 아니하므로 회계처리 없음
    단, 상품이 입고되면,
    (차) 상 품   500,000   (대) 지급어음   500,000

연습문제

03. 다음 중 받을어음 계정이 차변에 기입되는 거래로 옳은 것은?

① 상품을 매입하고 약속어음을 발행하여 지급하다.
② 약속어음이 만기가 되어 당점 당좌예금에 입금되다.
③ 상품을 매입하고 소지하고 있던 약속어음을 배서양도하다.
④ 거래처에 상품을 매출하고 동점*이 발행한 약속어음으로 받다.

🖐 ④

- (차) 받을어음 　　×××　　(대) 매 출　　　×××

① (차) 상 품 　　×××　　(대) 지급어음　　×××
② (차) 당좌예금 　×××　　(대) 받을어음　　×××
③ (차) 상 품 　　×××　　(대) 받을어음　　×××

*동점 : 거래처
　당점 : 우리 회사

04. 다음의 거래 중 지급어음 계정이 차변에 기입되는 거래는?

① 상품 100,000원을 매출하고 동점이 발행한 약속어음으로 받다.
② 상품 100,000원을 매입하고 약속어음을 발행하여 지급하다.
③ 상품 100,000원을 매입하고 소지하고 있던 약속어음을 배서양도하다.
④ 당점이 발행한 약속어음 100,000원이 만기되어 현금으로 지급하다.

🖐 ④

- (차) 지급어음 　100,000　　(대) 현 금　　100,000

① (차) 받을어음 　100,000　　(대) 매 출　　100,000
② (차) 상 품 　　100,000　　(대) 지급어음　100,000
③ (차) 상 품 　　100,000　　(대) 받을어음　100,000

05. 다음 중에서 현금및현금성자산으로 분류되지 않는 항목은 무엇인가?

① 당좌예금, 보통예금

② 결산일 당시 만기가 3개월 이내에 도래하는 채무상품

③ 취득 당시 만기가 3개월 이내인 양도성예금증서

④ 취득 당시 3개월 이내의 상환조건인 환매채

🖐 ②

현금성자산은 취득 당시 만기가 3개월 이내인 금융상품이다. 따라서 결산일로부터 만기가 3개월 이내인 채무상품은 취득 시점이 제시되어 있지 않기 때문에 현금성자산으로 분류할 수 없다.

06. 20×1년 6월 30일 현재 은행 계정 잔액을 확정하기 위해 파악된 자료는 다음과 같다. 6월 30일 현재 은행 계정의 정확한 잔액은?

> **보기**
> • 거래은행으로부터 확인된 6월 30일 은행 잔액 900,000원
> • 6월 30일 현재 은행 미기입예금 45,000원
> • 6월 30일 현재 은행이 확인한 부도수표 33,000원
> • 6월 30일 현재 기발행미인출수표 20,000원
> • 6월 30일 현재 은행이 확인한 은행수수료 1,200원

① 890,000원   ② 912,000원

③ 925,000원   ④ 945,000원

🖐 ③

은행 잔액 = 은행 장부상 잔액 + 미기입예금 - 기발행미인출수표
$$= 900,000 + 45,000 - 20,000$$
$$= 925,000$$

07. ㈜인천은 다음과 같은 자산을 보유하고 있다. 재무상태표에 공시될 현금및 현금성자산의 금액을 계산하시오.

> **보기**
>
> - 지 폐 10,000원권 20장
> - 우 표 50,000원
> - 우편환 100,000원
> - 당좌예금 300,000원
> - 자기앞수표 200,000원
> - 선일자수표 160,000원
> - 만기가 3개월인 환매채 210,000원
> - 만기가 6개월인 정기예금 280,000원
> - 만기가 2개월인 양도성예금증서 250,000원

① 800,000원

② 1,590,000원

③ 1,420,000원

④ 1,750,000원

⑤ 1,260,000원

⑥ 답 없음

답 ⑤
- 지폐 + 자기앞수표 + 우편환 + 당좌예금 + 양도성예금증서 + 환매채
  = (10,000 × 20장) + 200,000 + 100,000 + 300,000 + 250,000 +210,000
  = 1,260,000
- 정기예금은 취득 당시 만기가 3개월 이내의 조건을 만족하지 못하기 때문에 현금 성자산으로 분류할 수 없다.
- 14장 Section 01 참조

08. 다음 분개를 추정한 거래에 해당하는 것은?

> **보기**
>
> (차) 현 금   900,000   /   (대) 매출채권   1,000,000
>   매출채권처분손실   100,000

① 소유어음의 만기일에 어음대금을 회수한 경우

② 추심의뢰한 어음이 추심되었다는 통지를 받은 경우

③ 할인한 어음이 만기일에 추심되었다는 통지를 받은 경우

④ 소유어음을 만기일 이전에 은행에서 할인한 경우

🖪 ④

매출채권처분손실은 만기일 이전에 은행에서 할인한 경우 발생한다.

09. ㈜서울이 90일 만기 액면가 100,000원 무이자부어음을 30일이 경과한 후에 15%의 할인율로 할인한 경우 실제로 수령하는 금액은 얼마인가? 단, 1년을 360일로 한다.

① 97,500원   ② 98,000원

③ 98,500원   ④ 99,000원

🖪 ①

- 어음할인 시 매출채권에 대한 위험과 보상이 양수인에게 이전되었다고 가정할 경우 아래와 같이 회계처리한다.
- (차) 현 금   97,500   (대) 매출채권   100,000
      매출채권처분손실*   2,500
        *$100,000 \times 15\% \times 60/360 = 2,500$

10일차

거래를 했으면 흔적이 있어야죠

― 계속기록법과 실지재고조사법

01 상품매매기업의 회계처리

 앞에서 배웠던 회사들은 물품을 구입하여 판매하는 회사가 아닌 용역을 제공하는 회사들이었어. 오늘은 도소매업을 영위하는 기업들의 회계처리에 대해서 공부해보자.

네.

장부금액 700,000원인 토지를 1,000,000원에 판매하면 어떻게 회계처리해야 할까?

(차) 현 금	1,000,000	(대) 토 지	700,000
		처분이익	300,000

그렇다면 장부금액 700,000원인 상품을 1,000,000원에 매각했다면 회계처리는 어떻게 될까?

(차) 현 금	1,000,000	(대) 상 품	700,000
		매출이익	300,000

 맞죠?

 하하, 안타깝지만 틀렸어. 이러한 회계처리는 정보이용자에게 이익만 보고되고 매출액이 보고되지 않는 문제점이 있거든. 네가 알바로 커피전문점에서 일할 때 나중에 사장님 나오시면 뭘 물어보셔?

 오늘 매출액요.

 당연하지. 그렇게 중요한 매출액이 표시가 되지 않는다면 제대로 된 회계정보가 제공되었다고 볼 수 없는 것이지. 그래서 매출액과 매출원가를 잡는 다음과 같은 방식의 회계처리를 해.

(차) 현 금	1,000,000	(대) 매 출	1,000,000
(자산의 증가)		(수익의 발생)	
매출원가	700,000	상 품	700,000
(비용의 발생)		(자산의 감소)	

 손익계산서에는 오른쪽과 같이 표시돼.

매 출	1,000,000
매출원가	700,000
매출총이익	300,000

이렇게 상품이 판매될 때마다 매출원가를 계상하는 방식을 계속기록법이라고 해. 다음의 예제를 풀어보도록 하자.

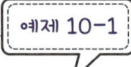

계속기록법

한경상사는 20×1년 1월 1일에 100,000원의 상품을 보유하고 다음과 같은 영업활동을 수행하였다. 거래를 분개하고 상품 계정과 관련된 T계정의 내용을 전기하시오.

- 2월 5일, 400,000원의 상품을 현금지급하고 매입하다.
- 3월 10일, 300,000원의 상품을 600,000원의 현금을 받고 판매하다.
- 4월 15일, 200,000원의 상품을 350,000원의 현금을 받고 판매하다.
- 6월 20일, 200,000원의 상품을 현금지급하고 매입하다.

(풀이)

•	2월 5일	(차) 상 품	400,000	(대) 현 금	400,000	
•	3월 10일	(차) 현 금	600,000	(대) 매 출	600,000	
		→ 판매할 때 판매금액만큼 매출액으로 계상				
		(차) 매출원가	300,000	(대) 상 품	300,000	
		→ 판매된 상품의 장부금액만큼 매출원가를 계상				
•	4월 15일	(차) 현 금	350,000	(대) 매 출	350,000	
		→ 판매할 때 판매금액만큼 매출액으로 계상				
		(차) 매출원가	200,000	(대) 상 품	200,000	
		→ 판매된 상품의 장부금액만큼 매출원가를 계상				
•	6월 20일	(차) 상 품	200,000	(대) 현 금	200,000	

오! 생각보다 잘하는데. 상품과 매출원가 계정만 전기해볼래? 이제 좌우의 금액이 일치해야 하니까 기말잔액은 자동계산되겠지?

상 품

기 초		100,000	매출원가	3/10	300,000
당기매입	2/05	400,000		4/15	200,000
	6/20	200,000	기 말		200,000
		700,000			700,000

매출원가

상 품	3/10	300,000		
	4/15	200,000		
		500,000		

 자, 이제 실지재고조사법에 대해 알아보자.

 실지재고조사법이 뭐예요?

 매일 수십, 수백 건의 거래가 이루어지는 실무 현실을 감안하면 앞의 예제에서 판매 시 판매된 상품의 장부금액을 파악하여 매출원가를 기록하는 것은 매우 번거로운 게 사실이야. 때문에 실무에서는 대부분 판매 시에는 그냥 매출만 회계처리하고 매출원가는 기말에 기록하는 방법을 사용하고 있어. 이런 방식을 실지재고조사법이라고 해.

실지재고조사법

기말에 창고에 보관되어 있는 상품재고를 확인한 결과 200,000원에 상당하는 상품이 보관되어 있다. 결산시점의 수정분개를 포함해서 거래를 분개하고 상품 계정과 관련된 분개의 내용을 T계정에 전기하시오('예제 10-1'의 자료를 이용한다).

계속기록법과 비교하여 실지재고조사법에서는 다음의 세 가지가 달라. 첫 번째로 상품 매입 시에 차변이 상품이 아닌 매입 계정을 써. 그렇기 때문에 기중에는 상품이란 계정이 등장하지 않아.

매입 계정의 성격이 뭐예요? 자산이에요, 비용이에요?

굳이 나눈다면 비용에 해당하겠지. 하지만 어차피 기중에만 나타나고 재무상태표, 손익계산서에 나타나지 않는 계정이기 때문에 신경 쓰지 않아도 돼. 회계에서는 기중에만 나타나고 기말 재무상태표나 손익계산서에는 나타나지 않는 계정들이 몇 개 있는데 매입 계정도 그중 하나야. 매입 외에도 매출에누리와환입, 매출할인, 매입할인, 매입에누리와환출 등도 이에 해당하지.

음.

두 번째로 매출 시에 매출원가를 인식하지 않아. 이 점을 염두에 두고 회계 처리해보자.

2월 5일	(차) 매 입	400,000	(대) 현 금	400,000

→ 상품 매입 시에 차변이 상품이 아닌 매입 계정을 쓴다.

3월 10일	(차) 현 금	600,000	(대) 매 출	600,000

→ 매출 시 매출원가를 인식하지 않는다.

4월 15일	(차) 현 금	350,000	(대) 매 출	350,000
6월 20일	(차) 매 입	200,000	(대) 현 금	200,000

 이렇게 하면 되겠네요. 그런데 이렇게 하면 매출원가는 어떻게 구하죠?

 그건 세 번째 특징을 알면 금방 해결돼. 그건 바로 매출원가는 기말수정분 개로 인식하면 된다는 거야.

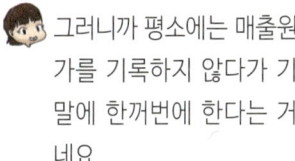 그러니까 평소에는 매출원가를 기록하지 않다가 기말에 한꺼번에 한다는 거네요.

그렇지. 평소에 공부 안 하다가 시험 직전에 벼락치기 하는 거랑 비슷하지.

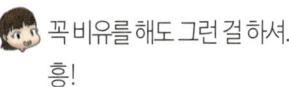 꼭 비유를 해도 그런 걸 하셔. 흥!

02 수정분개의 논리

 실지재고조사법에서 결산수정분개의 논리를 잘 이해해야 해. 좀 어렵거든.

① 기초상품은 모두 팔렸다.

(차) 매출원가	100,000	(대) 상 품	100,000

→ 상품이 팔렸으니 대변에 상대계정은 매출원가가 된다.

② 기중 매입한 상품도 모두 팔렸다.

(차) 매출원가	600,000	(대) 매 입	600,000

→ 기중 매입한 상품은 '상품' 계정이 아닌 '매입' 계정으로 처리했으므로 매입
계정이 대변에 오고 상대계정은 매출원가가 된다.

③ ①과 ②의 절차를 마치고 창고에 가보니 재고자산이 남아 있다. 따라서 그만큼 자산
으로 계상하고 매출원가를 취소한다.

(차) 상 품	200,000	(대) 매출원가	200,000

 그런데 색칠 표시한 매출원가를 순액으로 표시하면 다음과 같이 나타낼 수 있어.

• 매출원가 순액 = 100,000 + 600,000 − 200,000 = 500,000
• (차) 매출원가   500,000   (대) 상 품   100,000
     상 품   200,000   매 입   600,000

 이렇게 표시하니까 잘 모르겠어요.

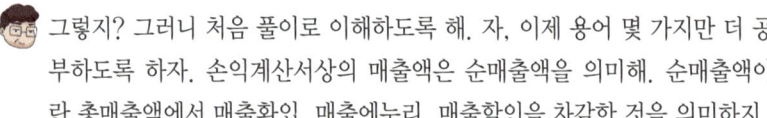 그렇지? 그러니 처음 풀이로 이해하도록 해. 자, 이제 용어 몇 가지만 더 공
부하도록 하자. 손익계산서상의 매출액은 순매출액을 의미해. 순매출액이
란 총매출액에서 매출환입, 매출에누리, 매출할인을 차감한 것을 의미하지.

매출환입, 매출할인, 매출에누리 다 처음 듣는 용어인데요?

 매출환입은 매출했던 것이 반품된 것이고, 매출할인은 외상대금을 조기에 회수하면서 일정액을 깎아준 것을 말해. 네가 특히 생소할 수 있는 내용은 '매출에누리'인데 에누리는 제품의 결함에 대해 반품 대신에 가격을 깎아준 것을 의미하지.

 아, 그렇군요.

 한편 순매입액이란 총매입액에서 매입환출, 매입에누리, 매입할인을 차감한 금액을 의미해.

 그렇군요. 오늘도 너무 많이 배워서 머리가 복잡해요. 여기까지만 해요.

 그래, 오늘도 수고 많았다.

요약하기!

- 상품매매기업의 회계처리에는 수익(매출)과 비용(매출원가)을 총액으로 표시하는 방법을 사용한다.
- 계속기록법 : 판매 시점마다 판매된 상품의 원가를 기록하는 방법
- 실지재고조사법 : 결산수정분개로 기말에 일괄하여 매출원가를 계산하는 방법
- 실지재고조사법 결산수정분개의 논리
  - 기초상품은 모두 팔렸다.
  - 당기매입분도 모두 팔렸다.
  - 재고실사 결과 남아 있는 상품을 자산계상하고, 그만큼 매출원가를 취소한다.
- 손익계산서상 매출액 = 총매출액 − (매출환입 + 매출할인 + 매출에누리)
- 손익계산서상 매입액 = 총매입액 − (매입환출 + 매입할인 + 매입에누리)

연습문제

01. 다음 설명 중 가장 올바르지 않은 것은?

① 기초재고액보다 기말재고액이 더 크면 당기매입액보다 매출원가가 더 크다.

② 실지재고조사법은 기말에 재고수량을 직접 파악하는 방법이다.

③ 계속기록법에서는 판매되지 않는 재고는 기말재고로 남아 있다고 간주한다.

④ 계속기록법을 사용하는 경우 매출원가를 산정하기 위해 기말에 수정분개를 별도로 하지 않아도 된다.

답 ①
- 기초재고액 + 당기매입액 = 매출원가 + 기말재고액
- 기초재고액이 기말재고액보다 크면 당기매입액은 매출원가보다 작다.

02. 다음 5월 12일 계정기입에 대한 설명으로 올바른 것은?

보기

매 입			
	5/12	외상매입금	20,000

① 상품을 외상으로 매입하다.

② 매입한 상품을 반납하다.

③ 상품을 주문받고 계약금을 받다.

④ 상품을 주문하고 계약금을 지급하다.

답 ②
(차) 외상매입금　　　20,000　(대) 매 입　　　　　20,000

03. 다음 자료에 의해 기초재고액을 계산하면 얼마인가?

보기			
• 당기매입액	500,000원	• 매출총이익	200,000원
• 기말재고액	70,000원	• 당기매출액	800,000원

① 130,000원   ② 150,000원

③ 170,000원   ④ 230,000원

⑤ 210,000원

답 ③
- 매출원가 = 매출액 800,000 − 매출총이익 200,000
　　　　 = 600,000

재고자산

기초재고	170,000 plug	매출원가	600,000
당기매입	500,000	기말재고	70,000

04. ㈜바롬은 회계장부 중 일부를 분실하여 모든 자료를 알 수가 없는 상황이다. 다음과 같은 몇 가지 사실에 기초할 때 기말매출채권 잔액은 얼마로 추정되는가?

> **보기**
> ⓐ 상품의 기초재고액보다 기말재고액이 40,000원 더 많다.
> ⓑ 당기 매입액은 500,000원이고 당기 매출총이익은 200,000원이다.
> ⓒ 기초 매출채권은 100,000원이다.
> ⓓ 당기에 매출채권 회수한 금액은 700,000원이다. 단, 당기매출은 전액 외상으로 이루어졌다.

① 30,000원   ② 40,000원
③ 50,000원   ④ 60,000원
⑤ 70,000원

답 ④
- '매출 − 매출원가 460,000 = 매출총이익 200,000'이므로 매출은 660,000

재고자산

기초재고	?	매출원가	460,000
당기매입	500,000	기말재고	? + 40,000

매출채권

기 초	100,000	회 수	700,000
발 생	660,000	기 말	60,000 plug

05. 다음은 실지재고조사법에 관한 설명이다. 틀린 것을 고르시오.

① 계속기록법과는 달리 기말수정분개를 필요로 한다.
② 판매한 상품의 원가를 회계기간 말에 계산하는 방법이다.
③ 매입 계정을 별도로 설정하여 판매하는 시점에서 원가를 계산한다.
④ 실제로 창고조사를 통하여 기말 시점에서의 재고의 수량과 원가를 파악한다.

답 ③

06. ㈜백석의 20×6년 상품관련 자료이다. 12월 31일 매출원가를 산출하면 얼마인가?

> 보기
>
> • 20×6년 상품매출액　　1,500,000원
> • 20×6년 상품매입액　　1,000,000원
> • 20×6년 기말상품재고액　　400,000원
> • 20×6년 기초상품재고액　　300,000원

① 600,000원　　　　　　　　② 800,000원
③ 900,000원　　　　　　　　④ 1,100,000원

답 ③

상 품

기 초	300,000	매출원가	900,000 plug
매 입	1,000,000	기 말	400,000
	1,300,000		1,300,000

• 매출액 1,500,000 − 매출원가 900,000 = 매출총이익 600,000

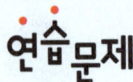

연습문제

07. 다음 자료를 이용하여 실지재고조사법을 사용하는 ㈜서울의 기말수정분 개로 옳은 것은? 단, 기말실지재고수량은 100개라고 한다.

> **보기**
> • 기초재고액 : 200개 × @100원 = 20,000원
> • 당기매입액 : 500개 × @100원 = 50,000원
> • 당기매출액 : 600개 × @200원 = 120,000원

① (차) 매출원가   50,000   (대) 매 입   50,000

② (차) 매출원가   50,000   (대) 상 품(기초)   20,000
     상 품(기말)   10,000   매 입   40,000

③ (차) 매출원가   60,000   (대) 상 품(기초)   10,000
     매 입   50,000

④ (차) 매출원가   60,000   (대) 상 품(기초)   20,000
     상 품(기말)   10,000   매 입   50,000

답 ④
   (차) 매출원가   20,000   (대) 상 품   20,000
   (차) 매출원가   50,000   (대) 매 입   50,000
   (차) 상 품*   10,000   (대) 매출원가   10,000
     *100 × @100 = 10,000

08. 다음은 20×1년 ㈜서울의 매출, 매입과 관련된 자료이다. ㈜서울의 20×1년 매출총이익은 얼마인가?

보기			
• 매출액	162,000원	• 당기매입액	120,000원
• 기초재고액	27,000원	• 기말재고액	32,000원

① 43,000원

② 45,000원

③ 47,000원

④ 48,000원

⑤ 49,000원

답 ③

재고자산

기초재고	27,000	매출원가	115,000 plug
당기매입	120,000	기말재고	32,000

• 매출액 162,000 − 매출원가 115,000 = 매출총이익 47,000

PART 3

왕초보,
회계에서 날다

11일차
창고에 있어도 이익이 변해요

— 재고자산과 손익

Section 01

재고자산의 의의·종류·취득원가

01 재고자산

아빠! 기업들이 이익을 조작하는 경우가 많아요?

하하, 어디서 그런 얘길 들었니? 물론 그런 경우가 아주 없다고는 말 못 하지.

어떤 방식으로 조작하는데요?

여러 가지 방식이 있겠지만 가장 흔한 것은 재고자산에 손을 대는 거야.

 그게 무슨 뜻이에요?

음, 우선 재고자산이 무엇인지부터 설명해야겠구나. 재고자산은 기업이 정상적인 영업활동 과정에서 판매 또는 제품의 생산을 위해서 보유하고 있는 자산을 말해.

그러니까 자동차회사에서 생산한 자동차는 재고자산이겠네요.

항상 그런 것은 아니야. 판매목적으로 생산한 자동차라면 당연히 재고자산이지만 자체 생산한 자동차를 업무용으로 사용하고 있다면 유형자산이 되거든.

다 같은 자동차인데 용도에 따라 계정이 다르게 분류되다니 신기하네요.

좀 더 구체적으로 말하면 자동차 제조회사에서 판매목적으로 생산하여 보유하고 있다면 재고자산 중에서 '제품'이 되는 것이고, 업무용으로 사용한다면 유형자산 중에서 '차량운반구'가 되지.

구 분	내 용	자동차의 경우
재고자산	판매목적으로 생산하여 보유하고 있는 자산	제품, 상품
유형자산	업무용으로 소유 · 사용하고 있는 자산	차량운반구

그런데 제품하고 상품은 같은 거 아니에요? 뭐가 달라요?

상품은 기업의 정상적인 영업활동에서 판매할 목적으로 구입한 재고자산이지. 제품은 기업 내부에서 판매목적으로 제조한 생산품이고.

그러면 토지는 항상 유형자산인가요?

땅도 판매를 목적으로 보유하고 있다면 재고자산이 돼. LH공사라고 알지?

 들어본 것 같아요.

 LH공사는 땅을 개발하여 공업단지를 조성하고 민간업자에게 분양하는 업무도 하는데, 이때 분양대상이 되는 땅은 유형자산인 토지가 아니라 재고자산인 '용지'가 되지.

 아하! 그런 경우도 있군요.

 만약 그 땅을 타인에게 임대하기 위해 보유하고 있다면 재고자산도 유형자산도 아니고 투자부동산으로 분류해.

 아이고, 복잡해라.

 지금 당장 더 알 필요는 없어. 어쨌든 판매목적인지 업무를 위해 사용하는 자산인지 구분하는 것이 중요하다는 것만 알면 돼.

02 재고자산의 종류

 재고자산에는 또 어떤 것들이 있나요?

 재고자산의 종류에는 도·소매업이라면 상품, 저장품이 있고 제조업이라면 원재료, 재공품(在工品, Work In Process, WIP), 반제품 등이 있지.

 재공품이 뭐예요?

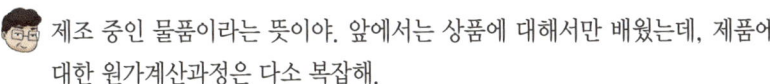

제조 중인 물품이라는 뜻이야. 앞에서는 상품에 대해서만 배웠는데, 제품에 대한 원가계산과정은 다소 복잡해.

왜요?

상품의 경우에는 취득원가가 명확한 데 비해 제품의 경우에는 재료비, 노무비, 제조간접비 등을 감안해야 하지. 게다가 결산일 현재 제조 중인 물품까지 있다면 취득원가를 계산한다는 것이 간단하지 않아. 그래서 제품의 원가계산은 '원가회계'라는 과목에서 따로 다루고 있어.

공부를 할수록 새로운 것이 더 늘어나는군요.

하하, 그렇지 뭐. 이제 재고자산의 취득원가에 대해서 설명할게. 재고자산의 취득원가에는 매입부대비용이 포함된다는 점에 유의해야 해. 가령 옷가게를 하는 회사가 옷을 60,000원에 사 오면서 배송료 5,000원을 지불했다면 배송료는 즉시 비용처리하는 것이 아니라 옷(상품)의 취득원가에 가산해야 한다는 것이지.

왜 그런 거예요?

비용인식의 기본원칙이 '수익비용대응'이거든. 배송료는 구매시점이 아닌 판매시점에 매출원가로 처리하는 것이 더 타당하다는 것이지.

그렇군요. 어쨌든 회사가 기말에 창고에 보관하고 있는 것들이 재고자산에 해당되겠네요.

반드시 그런 것은 아니야. 재고자산의 범위에는 창고에 보관하고 있는 자산뿐만 아니라 미착품, 위탁상품, 시송품도 포함돼.

미착품(未着品)	아직 도착하지 않은 상품
위탁상품＝적송품	위탁(委託)자가 수탁(受託)자에게 팔아달라고 맡긴 물건
시송품(試送品)	사용해본 후 매입의사를 밝힐 것을 요청하고 고객에게 보낸 상품

 도착도 하지 않은 물품이 어떻게 회사의 재고자산이 될 수 있어요?

 그건 경우에 따라 달라. 운송조건에 따라 회사의 재고자산이 될 수도 있고 안 될 수도 있어. 운송조건은 크게 '선적지인도기준'과 '도착지인도기준'으로 나뉘고.

 그게 뭐예요?

 선적지인도기준으로 매입한 경우 판매자가 이미 선적을 완료했다면 판매자는 할 일을 다 한 것이기 때문에 선적이 완료되어 운송 중인 물품은 구매자의 창고에 입고되기 전이라도 '미착상품'으로 구매회사의 재고자산에 포함시켜야 하는 거야. 따라서 판매자는 매출로 인식할 수 있는 것이지.

 그러면 '도착지인도기준'은요?

 도착지인도기준으로 매입했다면 판매자가 선적을 완료했다 하더라도 도착하기 전에는 할 일을 다 한 것이 아니야. 때문에 이미 선적이 완료되어 운송 중인 물품이라 해도 여전히 판매자의 재고자산에 포함되어야 해. 구매자의 재고자산은 아닌 것이지. 당연히 판매자는 매출을 인식할 수 없는 것이고.

구 분	내 용	운송 중인 상품(미착품)
선적지인도기준	선적지에서 상품을 인도	구매자의 재고자산
도착지인도기준	도착지에서 상품을 인도	판매자의 재고자산

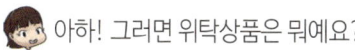 아하! 그러면 위탁상품은 뭐예요?

위탁상품은 적송품(積送品)이라고도 부르는데, 위탁자가 수탁자에게 팔아 달라고 맡긴 물건이야. 여기서 위탁자는 맡긴 사람, 수탁자는 맡은 사람이지. 그래서 위탁상품은 최종 판매 전까지는 매출로 계상해서도 안 되고, 위탁자의 재고자산에 포함시켜야 해.

복잡한데요.

간단히 생각해봐. 네가 도서관에서 친구한테 가방을 맡겼어. 그러면 그 가방의 주인은 누굴까?

당연히 저죠.

위탁상품도 같은 논리로 이해하면 돼. 위탁자가 너고 수탁자는 네 친구라고 말이야.

아! 이제 이해가 가요. 그러면 시송품은 뭐예요?

우리 집에 가끔 굴러다니는 것들이지. 너희 엄마가 홈쇼핑에서 무료 체험이라고 해서 샀다가 마음에 안 든다고 반품하는 물건들 말이야.

아하! 아빠가 평소에 불만이 많았네.

판매자는 고객으로부터 구매의사를 통지받기 전까지는 시송품 역시 회사의 재고자산에 포함시켜야 하는 거야. 비록 회사의 창고에 있는 것은 아니지만.

03 재고자산의 기록

 한 가지 더! 이제 앞에서 배웠던 계속기록법과 실지재고조사법에도 각각 장단점이 있어. 계속기록법은 회계기간 중에 보유재고를 파악할 수 있는 장점이 있지만, 도난이나 파손으로 인한 감모수량이 있는 경우 실제수량과 장부수량이 일치하지 않는 문제가 있다는 거지.

실지재고조사법은요?

실지재고조사법은 회계기간 중에 상품의 판매시점마다 판매수량을 상품재고장에 기록할 필요가 없으니 적용이 간편하지. 하지만 회계기간 중 도난이나 파손으로 인해 발생한 감모수량도 당기 판매량에 모두 포함되어 버리는 단점이 있어. 그래서 실무상으로는 양자를 병행해서 사용하는 경우가 보통이야.

구 분	장 점	단 점
계속기록법	회계기간 중에 보유재고를 파악할 수 있다.	도난이나 파손으로 인한 감모수량이 있는 경우 실제수량과 장부수량이 일치하지 않는다.
실지재고조사법	회계기간 중에 상품의 판매시점마다 판매수량을 상품재고장에 기록할 필요가 없다.	도난이나 파손으로 인해 발생한 감모수량도 당기 판매량에 모두 포함되어 버린다.

Section 02

기말재고자산의 단가 결정

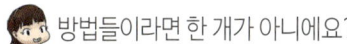 01 기말재고 단가 결정방법

이제는 기말재고의 단가를 결정하는 방법들에 대해서 알아보려고 해.

방법들이라면 한 개가 아니에요?

개별법, 선입선출법, 평균법, 후입선출법, 이렇게 4가지가 있어. 그런데 이 방법들을 계속기록법과 실지재고조사법에 각각 적용할 수 있으니까 이론적으로는 8가지 방법이 되는 것이지.

8가지라고요?

그러게, 경우의 수가 좀 많지? 하지만 생각만큼 복잡하지는 않아.

구 분	개별법	선입선출법	평균법	후입선출법
계속기록법	(1)—①	(2)—①	(3)—①	(4)—①
실지재고조사법	(1)—②	(2)—②	(3)—②	(4)—②

앞에서 설명했듯이 계속기록법은 매출원가를 먼저 계산하고 남는 금액이 기말재고금액이 되는 방법이고, 실지재고조사법은 기말재고자산을 먼저 계산하여 남는 금액이 매출원가가 되는 방법이야. 기억나지?

네! 그런데 표 안의 번호는 뭐예요?

 다음 예제에 나오는 각 사례를 의미해. 8가지 방법을 다음 예제를 통해 설명할게.

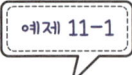 예제 11-1

개별법, 선입선출법, 평균법, 후입선출법

㈜서울의 기초재고(상품)가 없고 회계기간은 1월 한 달(1월 1일~1월 31일)이다.

매 입	1월 2일, 2개 매입 (@10) 1월 4일, 4개 매입 (@15)
매 출	1월 3일, 1개 매출 1월 5일, 3개 매출

단, 상품의 가격표를 확인한 결과 1월 3일 판매된 상품은 1월 2일에 매입한 것이고, 1월 5일 판매된 상품은 모두 1월 4일에 매입한 것이 확인되었다. 개별법, 선입선출법, 평균법, 후입선출법을 적용하여 회사의 매출원가와 기말재고를 계산하되 각각의 경우를 계속기록법과 실지재고조사법으로 구분하여 설명하시오.

 먼저 재고자산 T계정을 그리고 왼편을 채워봐. 왼편은 어떤 방법을 적용하건 동일하거든.

상 품

기 초			0	매출원가	?
당기매입	1/02	2 × @10 = 20			
	1/04	4 × @15 = 60		기말재고	??
합 계			80	합 계	80

 자, 이제 개별법부터 풀어보자. 개별법은 구입시점마다 상품의 원가를 개별적으로 확인하고 상품별로 가격표를 붙여 두었다가 상품의 판매시점마다 재고상품에 부착된 가격표상의 단가를 적용해서 매출원가를 평가하든지, 기말재고금액을 평가하는 방법이야.

---

(1) 개별법

① 계속기록법(매출원가를 먼저 파악하는 방법)을 적용하면

- 1월 3일에 팔린 상품 1개는 1월 2일에 매입한 상품

  1개 × @10 = 10

- 1월 5일에 팔린 상품 3개는 1월 4일에 매입한 상품

  3개 × @15 = 45

- 매출원가 = 10 + 45 = 55

  기말재고 = 80 - 55 = 25

② 실지재고조사법(기말재고를 먼저 파악하는 방법)을 적용하면

- 기말에 남아 있는 상품 = 1월 2일 매입분 1개 + 1월 4일 매입분 1개

  → (1월 1일 매입분 1개 × @10) + (1월 4일 매입분 1개 × @15) = 25

- 매출원가 = 80 - 25 = 55

③ 개별법에서는 계속기록법과 실지재고조사법 간의 차이가 없다.

개별법에서는 계속기록법과 실지재고조사법 간의 차이가 없음을 알 수 있어.

 음… 그리 어렵지는 않네요.

 좋아! 다음은 선입선출법이야. 선입선출법은 글자 그대로 먼저 입고된 상품이 먼저 판매된다는 원가흐름을 가정하는 방법이야.

---

(2) 선입선출법

① 계속기록법(매출원가를 먼저 파악하는 방법)을 적용하면

- 1월 3일에 팔린 상품 = 1월 2일에 매입한 재고

  1월 5일에 팔린 상품 = 1월 2일에 매입한 1개 + 1월 4일에 매입한 2개

  기말재고 = 1월 4일에 매입한 2개

- 매출원가 = (1 × @10) + (1 × @10) + (2 × @15) = 50

  기말재고 = 80 − 50 = 30

② 실지재고조사법(기말재고를 먼저 파악하는 방법)을 적용하면

- 기말에 남아 있는 상품 = 1월 4일 매입분

- 기말재고 = 2 × @15 = 30

  매출원가 = (1월 2일 매입분 2개 × @10) + (1월 4일 매입분 2개 × @15)

  $\qquad$ = 50

③ 선입선출법에서는 계속기록법과 실지재고조사법 간의 차이가 없다.

 이제 평균법으로 넘어가 보자. 평균법은 상품 판매 시 과거에 매입했던 상품이 골고루 섞여서 평균적으로 팔려나갔다고 가정하고 판매가능한 상품의 총원가를 총수량으로 나누어 계산한 평균단가로 기말재고금액과 매출원가를 산정하는 방법이야. 개별법이나 선입선출법에 비하면 다소 복잡해.

(3) 평균법

① 계속기록법을 적용하면
- 1월 3일에 팔린 상품 = 1월 2일에 매입분
- 1월 5일에 팔린 상품 = 1월 2일에 매입된 상품 중 1월 3일에 팔린 것을 제외한 것과 1월 4일에 매입된 상품이 평균적으로 팔린 것으로 회계처리
  (1월 2일 1개 × @10) + (1월 4일 3개 × @14*) = 52

  *(1 × @10) + (4 × @15) = 5 × @? = 70 → ? = 14
- 기말재고 = 80 - 52 = 28

② 실지재고조사법을 적용하면
- 기말재고자산의 단가 = 1월 2일과 1월 4일에 매입한 재고 전체의 평균단가
  (2 × @10) + (4 × @15) = 6 × @? = 80 → ? = 13.33
- 기말재고 : 2개 × @13.33 = 26.66
- 매출원가 : 80 - 26.66 = 53.34

 그런데 아빠 좀 이상해요. 실지재고조사법에서는 1월 4일 매입한 재고가 1월 3일에 팔리게 되네요.

정확한 지적이야. 실지재고조사법에서는 매출일 이후에 발생한 매입분이 팔린다는 모순점이 존재하지. 하지만 어차피 실지재고조사법은 업무편의를 위한 것이니 이러한 문제점을 감수하고도 적용하는 거야. 재고자산 원가흐름의 가정은 실제 물량흐름과는 무관해.

그렇군요.

평균법에서는 계속기록법과 실지재고조사법 간에 차이가 발생하게 돼. 그래서 계속기록법을 적용한 평균법을 이동평균법, 실지재고조사법을 적용한 평균법을 총평균법이라고 구분하지.

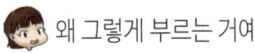 왜 그렇게 부르는 거예요?

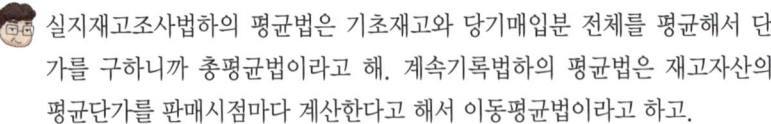 실지재고조사법하의 평균법은 기초재고와 당기매입분 전체를 평균해서 단가를 구하니까 총평균법이라고 해. 계속기록법하의 평균법은 재고자산의 평균단가를 판매시점마다 계산한다고 해서 이동평균법이라고 하고.

총평균법이 이동평균법보다 계산은 좀 더 쉽네요.

그렇지? 이제 끝으로 후입선출법을 알아보자. 후입선출법은 뒤에 입고된 상품이 먼저 판매된다는 원가흐름을 가정하는 방법이야.

에? 뒤에 들어온 걸 먼저 파는 경우가 어디에 있어요? 마트에 진열된 우유도 보면 유효기간이 얼마 남지 않은 것을 매대 앞쪽에 꺼내 놓잖아요.

재고자산 원가흐름의 가정은 실제 물량흐름과는 무관해.

---

(4) 후입선출법

① 계속기록법을 적용하면
- 1월 3일에 팔린 상품 = 기초에 재고가 하나도 없으니 1월 2일에 매입된 것
- 1월 5일에 팔린 상품 = 1월 4일에 매입된 것 중 3개
- 기말재고 = 1월 2일에 매입한 1개 + 1월 4일에 매입한 것 1개
  $$= (1 \times @10) + (1 \times @15) = 25$$
- 매출원가 = $(1 \times @10) + (3 \times @15) = 55$

② 실지재고조사법을 적용하면
- 기말재고 = 1월 2일에 매입한 것 중 2개
  $$= 2 \times @10 = 20$$
- 매출원가 = 1월 4일 매입분 4개
  $$= 4 \times @15 = 60$$

좀 복잡해도 알 것 같기는 해요. 그런데 여기에서도 실지재고조사법은 1월 4일 매입한 재고가 1월 3일에 팔리는 문제가 있네요.

 그렇지? 평균법에서 설명한 것처럼 실지재고조사법은 업무편의를 위한 것이니 이러한 문제점을 감수하고도 적용하는 것이지. 지금까지의 계산결과를 요약하면 다음과 같아.

계속기록법		
선입선출법	매출원가	(1 × @10) + [(1 × @10) + (2 × @15)] = 50
	기말재고	2 × @15 = 30
평균법	매출원가	(1 × @10) + (3 × @14*) = 52
	기말재고	2 × @14 = 28
후입선출법	매출원가	(1 × @10) + (3 × @15) = 55
	기말재고	(1 × @10) + (1 × @15) = 25

*(1 × @10) + (4 × @15) = 5 × @? = 70 → ? = 14

실지재고조사법		
선입선출법	기말재고	2 × @15 = 30
	매출원가	나머지 50
평균법	기말재고	2 × @13.33** = 26.66
	매출원가	53.34
후입선출법	기말재고	2 × @10 = 20
	매출원가	60

**(2 × @10) + (4 × @15) = 6 × @? = 80 → ? = 13.33

02 재고자산과 이익

아빠, 그런데 왜 이렇게 다양한 방법을 설명한 거예요? 기업의 이익조작에 대해서 물어본 거에는 답도 안 하시고?

하하, 그랬었지? 이제 답을 알려줄 수 있겠구나. 기억할 것은 기말재고를 어떻게 평가하느냐에 따라 회사의 손익이 결정된다는 거야.

그게 무슨 의미죠?

매출원가와 기말재고는 제로섬(zero-sum)관계야. 매출원가가 커지면 기말재고는 작아지지. 만약에 어떤 회사가 의도적으로 이익을 늘리고 싶다면 기말재고를 과대평가하면 된단다.

왜요?

기말재고를 과대평가하면 매출원가가 과소평가되는데, 매출원가는 비용이니까 결국 그만큼 이익이 더 발생하지 않겠니?

그렇겠죠.

그래서 가장 손쉽게 이익을 조작하는 방법이 기말재고를 이용하는 거야.

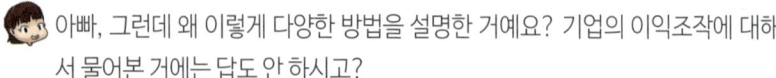

기초 10	매출원가 80	재고자산 10 과대계상 시	기초 10	매출원가 70
매입 90	기말 20	➡	매입 90	기말 30

분식! 분식!

 기초재고나 당기매입은 조작하기 힘들어요?

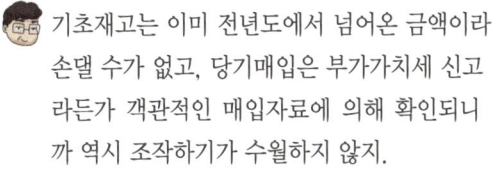 기초재고는 이미 전년도에서 넘어온 금액이라 손댈 수가 없고, 당기매입은 부가가치세 신고 라든가 객관적인 매입자료에 의해 확인되니 까 역시 조작하기가 수월하지 않지.

그렇겠네요.

이렇듯 기업의 재무상태나 경영성과를 실제와는 다르게 왜곡표시하는 것을 '분식(粉飾)회계'라고 해.

분식이요? 설마 제가 좋아하는 라면, 떡볶이 같은 거예요?

하하, 그럴 리가 있겠니? 여기서 분식은 예쁘게 꾸민다는 뜻이야. 그리고 여기서 한 가지 더 알아야 할 사실이 있어. 국제회계기준에서 후입선출법이 허용되지 않는다는 거야.

그러면 허용도 안 되는 방법을 괜히 배운 거예요?

후입선출법이 허용되지 않는 이유를 꼭 알아야 해. 하지만 그건 잠시 후 설명하기로 하고, 결국 개별법, 선입선출법, 이동평균법, 총평균법 4가지가 실제 적용 가능한 방법이라는 것을 기억하렴.

차이가 뭐예요?

그건 어떤 방법이 이익을 더 많이 내는 방법인지 확인해보면 금방 알 수 있어. 앞의 문제는 단가가 오르는 상황인데, 먼저 선입선출법과 평균법을 비교해 보자.

구 분	계속기록법	실지재고조사법
개별법	차이 없음	
선입선출법	차이 없음	
평균법	이동평균법	총평균법
후입선출법 (국제회계기준에서 금지)	계속기록법 적용 후입선출법	실지재고조사법 적용 후입선출법

 제 생각에는 매출원가가 '선입선출법 < 평균법'이니까 이익과 기말재고는 '선입선출법 > 평균법'이 되겠어요.

 맞아, 이익과 기말재고는 같은 방향으로 움직이는 거야. 그러면 총평균법과 이동평균법도 비교해볼래?

 네, 할 수 있어요. 매출원가가 '이동평균법 < 총평균법'이니까 이익과 기말재고는 '이동평균법 > 총평균법'이 돼요.

 그래, 맞아. 이동평균법이 선입선출법적인 요소를 더 갖고 있기 때문이지. 다시 말해서 이동평균법에서 기말재고는 회계기간 후반부에 더 높은 단가로 구입한 것이 남게 되므로 총평균법보다 더 크고, 매출원가는 낮은 단가에 구입한 것이 팔린 것으로 계산되기 때문이야.

 그렇군요.

 단가가 지속적으로 상승하는 경우 후입선출법이 가장 매출원가가 크고 따라서 이익이 가장 적게 나타나지. 물론 국제회계기준에서 허용된 방법은 아니지만 말이야.

03 후입선출법의 장·단점

후입선출법에 대해 좀 더 알아볼까? 단가가 지속적으로 상승하는 경우에 후입선출법을 이용하게 되면 어떻게 될까?

회사 입장에서 보면 이익을 가장 적게 계상하게 되겠죠.

그래, 이익이 적으면 법인세도 절감할 수 있어. 그래서 실제 물량흐름과 전혀 일치하지 않는 후입선출법이 오랫동안 사용되어온 거야.

그러면 후입선출법은 그냥 이익을 줄이기 위해서만 사용되는 것인가요?

그건 아니야. 후입선출법도 뚜렷한 장점이 있어. 후입선출법의 매출원가는 가장 최근에 구매한 재고가 포함되어 현행원가를 반영한 가액이 되거든. 하지만 기말재고자산이 현행원가를 반영하지 못하고, 또 실제물량흐름(현실적으로 최근에 구매한 물품을 먼저 구입한 물품보다 먼저 판매하는 경우는 별로 없다)과 일치하지 않는다는 문제점이 있지.

그런 문제점 때문에 국제회계기준에서 적용을 금지시킨 거예요?

그보다는 후입선출법의 재고청산문제(LIFO Liquidation) 때문이야. 후입선출법이 이익이 적게 잡히는 이유는 과거에 싸게 구입한 재고자산이 계속 남아 있어서인데, 이러한 재고자산이 계속 남아 있다면 문제가 없겠지만 해당자산이 팔리게 되면 이익이 갑자기 많이 잡히게 결과가 초래되거든. 만약 경영자가 오래된 재고를 고의로 처분하게 된다면 일시에 많은 이익을 실현시킬 수 있는 거지. 이런 이유 때문에 적용이 금지되어 있는 거야.

01 소매재고법

재고자산을 계산하는 방법은 지금까지 배운 게 전부인가요?

아니, 추정에 의해 재고자산을 평가하는 방법도 있어. 대표적인 방법이 소매재고법과 매출총이익률법이지.

소매재고법이 뭐예요?

백화점이나 대형마트와 같이 다양한 종류의 재고자산을 판매하는 경우에 취득단가를 재고자산별로 각각 계산하는 것이 사실상 불가능한 경우가 많거든. 그래서 회계기간 중에는 각 제품의 금액자료를 매출가격으로 관리하다가 기말시점에 매출가격에 원가율을 곱해서 기말재고자산의 원가를 계산하는 방법을 쓰는데, 이것을 소매재고법이라고 해. 소매재고법은 매출가격에 원가율을 곱하는 방식을 쓰기 때문에 매출가격환원법이라고도 부르지. 다음의 예제를 풀어보자.

소매재고법

회사는 입출고되는 상품의 종류가 너무 많아서 소매재고법(매출가격환원법)을 적용하고 있다. 개별 상품별로 원가를 집계하지 않고 전체상품의 원가와 판매가격을 다음과 같이 파악하고 있다. 소매재고법 적용 시 매출원가를 계산하시오(단, 원가율 계산 시 총평균법을 적용하며 당기매출액은 800,000원이다).

구 분	원 가	판매가
기초재고금액	69,000	100,000
당기매입금액	531,000	900,000
계	600,000	1,000,000

(풀이)

〈1단계〉

• 문제에 제시된 자료를 옮겨 쓴다.
• 매출원가의 매가가 바로 매출액(①)이다.

재고자산

	원 가	매 가		원 가	매 가
기 초	69,000	100,000	매출원가		① 800,000
당기매입	531,000	900,000	기 말		

〈2단계〉
- 원가와 매가의 합계(②, ③)를 구하고 좌우를 일치시킨다.
- 그 과정에서 기말재고자산의 판매가격(④)이 계산된다.

재고자산

	원 가	매 가		원 가	매 가
기 초	69,000	100,000	매출원가		① 800,000
당기매입	531,000	900,000	기 말		④ 200,000 plug
	② 600,000	③ 1,000,000		② 600,000	③ 1,000,000

- 원가율 = ② 600,000/③ 1,000,000 = 60%(총평균법에 의한 원가율 계산)
- 기말재고 = 200,000 × 60% = 120,000
- 매출원가 = 800,000 × 60% = 480,000

재고자산

	원 가	매 가		원 가	매 가
기 초	69,000	100,000	매출원가	480,000	① 800,000
당기매입	531,000	900,000	기 말	120,000	④ 200,000 plug
	② 600,000	③ 1,000,000		② 600,000	③ 1,000,000

 결과를 간단히 요약하면 기말재고자산의 판매가격은 200,000원인데, 회사의
매출원가율이 60%니까 원가기준으로는 120,000원이라는 뜻이군요.

02 매출총이익률법

 다음으로는 매출총이익률법에 대해 알아보자. 그 전에 매출총이익률이 뭔지 우선 알려줄게.

매출액 − 매출원가 = 매출총이익

양변을 매출액으로 나누면,

1 − 매출원가/매출액 = 매출총이익/매출액
1 − 매출원가율 = 매출총이익률

 매출총이익률은 '매출총이익/매출액'을 의미하는군요.

 그렇지. 그럼 다음의 예제를 풀어보자.

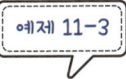 **예제 11-3**

매출총이익률법

㈜두만강은 수해를 입어서 기말재고자산과 상품재고장이 소실되었다. 매출원가와 재고자산금액을 추정하기 위해 매출총이익률법을 적용하기로 하고 과거의 매출총이익률을 계산한 결과 20%로 추정되었다. 또한 추가적으로 파악할 수 있는 자료를 다음과 같이 집계하였다. 소실된 재고자산을 계산하시오.

- 기초재고금액   1,000,000원
- 당기매입금액   4,000,000원
- 당기매출액   4,500,000원

(풀이)
〈1단계〉
- 제시된 자료를 T계정에 넣는다.

상 품

기 초	1,000,000	매출원가	?
당기매입	4,000,000	기 말	?

〈2단계〉
- 매출액과 매출총이익률을 이용하여 매출원가를 추정한다.
- 매출원가 추정액 = 매출액 × 매출원가율

$$= 매출액 \times (1 - 매출총이익률)$$
$$= 4,500,000 \times (1 - 0.2)$$
$$= 3,600,000$$

〈3단계〉
- 기말재고자산을 구한다.

상 품

기 초	1,000,000	매출원가	3,600,000
당기매입	4,000,000	기 말	1,400,000 plug
	5,000,000		5,000,000

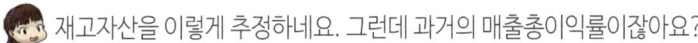 재고자산을 이렇게 추정하네요. 그런데 과거의 매출총이익률이잖아요?

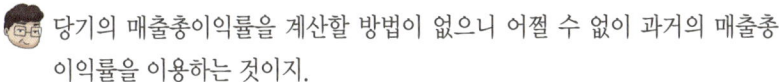 당기의 매출총이익률을 계산할 방법이 없으니 어쩔 수 없이 과거의 매출총이익률을 이용하는 것이지.

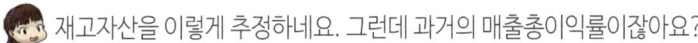 그러면 정확한 추정으로 보기는 어렵겠네요.

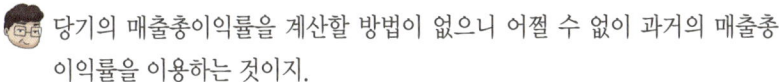 그래서 기업회계기준에서는 매출총이익률법을 인정하지 않아. 다만, 실무상 쓰임새가 많아. 방금 풀이한 예제의 경우처럼 분실된 재고자산에 대한 추정치를 구하기에 가장 적합하지.

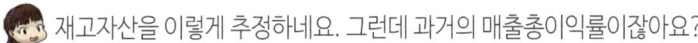 소매재고법도 기업회계기준에서 인정하지 않나요?

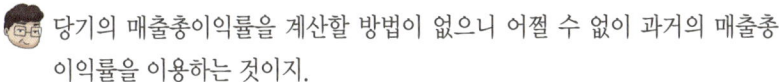 소매재고법은 백화점이나 대형할인점과 같이 다품종이면서 다량의 거래가 빈번하게 이루어지는 업종에 대해서만 인정되는 방법이야. 그런데 실무자들이 종종 매출총이익률과 매출원가에 대한 이익률을 혼동하는 경우가 있어. 다음의 예제를 한번 보자.

매출총이익률 vs 매출원가에 대한 이익률

㈜서울의 매출원가는 1,000,000원이다. 각각의 매출액을 계산하시오.

(1) 매출총이익률이 20%인 경우
(2) 매출원가에 대한 이익률이 20%인 경우

(풀이)
(1) 매출총이익률이 20%인 경우

$$매출원가 = 매출액 \times 매출원가율$$
$$= 매출액 \times (1 - 매출총이익률)$$

→ 매출액 = 매출원가/(1 - 매출총이익률)
  = 1,000,000/(1 - 0.2) = 1,250,000

(2) 매출원가에 대한 이익률이 20%인 경우

$$매출원가 \times (1 + 매출원가에 대한 이익률) = 매출액$$

→ 매출액 = 1,000,000 × (1 + 20%) = 1,200,000

 매출액인지 매출원가인지를 반드시 구분해야 혼란이 없겠네요.

 그래, 주의해야 할 사항이지.

Section 04

재고자산의 감모손실과 평가손실

 아빠가 연말연초에 바쁜 거 알지?

 연말에 지방출장을 가시곤 하잖아요.

 그때 아빠가 하는 일이 재고실사야. 재고실사란 회사가 보유한 장부상 재고 수량과 실제수량이 맞는지 확인하는 절차지.

 만약 수량이 일치하지 않으면 어떻게 해요?

 수량부족분을 감모손실로 인식해. 이때 감모손실이란 파손, 부패, 증발, 도난 등으로 실제 재고량이 장부 재고량보다 부족한 경우를 말해.

 그러면 수량만 확인하면 되는 거예요?

 수량뿐만 아니라 단가도 확인해. 그 결과로 취득원가보다 순실현가능가치 (Net Realizable Value)가 하락한 경우에는 평가손실을 인식하지.

순실현가능가치	통상적인 영업과정의 예상 판매가격에서 예상되는 추가 완성원가와 판매비용을 차감한 금액

 그러면 취득원가가 순실현가능가치보다 상승한 경우에는 평가이익을 인식하는 거예요?

 그건 아니야. 재고자산은 아래의 산식처럼 '저가법(LCM, Lower of Cost or Market)'으로 평가하거든.

- 재고자산의 가액 = Min(취득원가, 순실현가능가치)

- 취득원가 > 순실현가능가치
  → Min(취득원가, 순실현가능가치) = 순실현가능가치
  → 재고자산평가손실 인식

- 취득원가 < 순실현가능가치
  → Min(취득원가, 순실현가능가치) = 취득원가
  → 재고자산평가손실 없음

 논리에 맞지 않는 것 같은데요?

그렇긴 해. 재고자산의 저가법평가는 '보수주의'의 대표적인 사례야.

 보수주의가 뭐예요?

자산과 이익을 과대계상할 가능성이 낮아지는 방식으로 회계처리하는 것을 의미해. 다음의 예제를 보자.

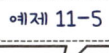

재고자산감모손실과 재고자산평가손실

㈜서울의 20×1년도 장부상 기말재고수량은 100개였고, 단위당 취득원가는 1,000원이다. 재고실사 결과 실제 재고수량은 90개였다. 다음 질문에 답하시오.

(1) 재고자산감모손실을 계산하시오.
(2) 기말재고자산의 단위당 판매가격이 1,100원이고 단위당 판매비가 150원인 경우 재고자산평가손실을 계산하시오.
(3) 기말재고자산의 단위당 판매가격이 1,100원이고 단위당 판매비가 50원인 경우 재고자산평가손실을 계산하시오.

(풀이)
(1) 재고자산감모손실
　　= (장부상 수량 × 단위당 취득원가) − (실제 수량 × 단위당 취득원가)
　　= (100개 × @1,000) − (90개 × @1,000)
　　= 10,000

(2) 재고자산평가손실(단, 평가이익은 인식하지 아니함)
　　= (실제 수량 × 단위당 취득원가) − (실제 수량 × 순실현가능가치)
　　= (90개 × @1,000) − [90개 × (@1,100 − @150)]
　　= 4,500

(3) 재고자산평가손실
　　= (실제 수량 × 단위당 취득원가) − (실제 수량 × 순실현가능가치)
　　= (90개 × @1,000) − [90개 × (@1,100 − @50)]
　　= −4,500 → 평가이익은 인식하지 않으므로 '0'

 예제의 결과를 다시 표로 나타내면 다음과 같아.

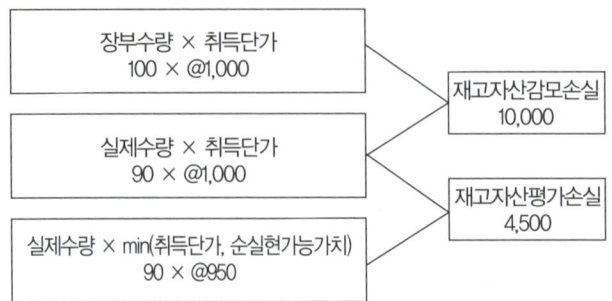

 그런데 아빠! 왜 수량차이부터 확인하는 거예요?

실무상 수량확인은 기말에 하고 가격확인은 그 이후에 이루어지니까.

그러면 재고자산감모손실과 재고자산평가손실은 매출원가인가요?

한국채택국제회계기준에서는 규정이 없어. 일반기업회계기준에서는 재고자산
감모손실 중 원가성(原價性)이 있다고 판단되는 부분은 매출원가, 원가성이
없다고 판단되는 부분은 영업외비용으로 처리하도록 규정하고 있지.

원가성이 뭐예요?

제품제조과정에서 불가피하게 발생할 수밖에 없는 부분을 의미해.

그러면 재고자산평가손실은 불가피한 거니까 매출원가겠네요?

역시 한국채택국제회계기준에서는 규정이 없어. 다만, 일반기업회계기준에
서는 매출원가에 포함하도록 규정하고 있지.

- 재고자산 : 기업이 정상적인 영업활동과정에서 판매 또는 제품의 생산을 위해서 보유하고 있는 자산
- 재고자산의 취득원가에는 매입부대비용이 포함된다.
- 재고자산의 범위 = 창고에 보관 중인 자산 + (미착품, 위탁상품(=적송품), 시송품)

- 계속기록법
   – 장점 : 회계기간 중에 보유재고를 파악 가능
   – 단점 : 도난 · 파손에 의한 감모수량이 있는 경우 실제수량과 장부수량 불일치

- 실지재고조사법
   – 장점 : 상품의 판매시점마다 판매수량을 상품재고장에 기록 불필요
   – 단점 : 도난 · 파손에 의한 감모수량도 당기 판매량에 모두 포함

- 단가가 상승하는 상황에서
   – 기말재고자산 : 선입선출법 > 이동평균법 > 총평균법 > 후입선출법
   – 매출원가 : 선입선출법 < 이동평균법 < 총평균법 < 후입선출법

- 후입선출법 : 재고청산문제로 인해 한국채택국제회계기준에서 적용이 금지
- 추정에 의한 재고자산 평가방법은 소매재고법과 매출총이익률법이 있다.
- 재고자산감모손실 : 기말 장부상 재고수량과 실제 재고수량과의 차이
- 재고자산평가손실 : 수량차이를 반영한 재고자산 장부금액과 순실현가능가치와의 차이, 즉 가격차이
- 재고자산평가손실의 인식 → 저가법 적용
   – 순실현가능가치가 단위당 취득원가보다 낮아지면 이를 손실로 인식
   – 순실현가능가치가 단위당 취득원가보다 높아지면 이익으로 인식하지 않음

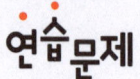

연습문제

01. 다음 자료를 이용하여 매출총이익을 계산하면 얼마인가?

> **보기**
>
> | | | | |
> |---|---|---|---|
> | • 기초상품재고액 : | 50,000원 | • 매입에누리 : | 10,000원 |
> | • 총매입액 : | 300,000원 | • 매출환입 : | 40,000원 |
> | • 총매출액 : | 510,000원 | • 매출에누리 : | 20,000원 |
> | • 기말상품재고액 : | 90,000원 | • 매입환출 : | 30,000원 |

① 190,000원   ② 210,000원

③ 230,000원   ④ 250,000원

답 ③

• 상 품

기 초	50,000	매출원가	220,000 plug
당기매입*	260,000	기 말	90,000
	310,000		310,000

*당기매입 = 300,000 − 30,000 − 10,000 = 260,000

• 매 출 = 총매출액 − 매출에누리 − 매출환입
= 510,000 − 20,000 − 40,000
= 450,000
• 매출총이익 = 매 출 − 매출원가
= 450,000 − 220,000
= 230,000

02. 다음의 자료에 기초하여 상품의 당기 순매입액을 계산하면 얼마인가?

> 보기
>
> ⓐ 당기에 상품 500개를 개당 1,000원에 외상으로 매입하였다.
> ⓑ 매입과정에서 10,000원의 운반비가 발생하였다.
> ⓒ 매입한 상품 500개 중 10개가 검수과정에서 적발되어 반품되었고, 20개에
>   대해서는 개당 800원으로 매입단가를 조정하였다.
> ⓓ 외상매입대금을 조기에 지급함으로써 5,000원의 매입할인을 받았다.

① 510,000원   ② 501,000원
③ 495,000원   ④ 491,000원

답 ④
    ⓐ 500개 × @1,000
 + ⓑ 10,000
 − ⓒ 10개 × @1,000
 − ⓒ 20개 × (@1,000 − @800)
 − ⓓ 5,000
 ─────────────────────
 = 491,000

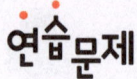

연습문제

03. A상품에 관한 거래를 선입선출법으로 기장한 경우 매출원가와 매출총이익은 각각 얼마인가? 단, 회사는 계속기록법으로 장부를 기록하고 있다.

보기			
• 5월 1일	전기이월	50개	@180원
• 5월 10일	매 입	100개	@200원
• 5월 11일	환 출	10개(5월 10일분)	
• 5월 20일	매 출	120개	@300원
• 5월 21일	환 입	20개(5월 20일분)	

① 매출원가 19,000원,   매출총이익 11,000원

② 매출원가 18,000원,   매출총이익 12,000원

③ 매출원가 19,800원,   매출총이익 16,200원

④ 매출원가 23,000원,   매출총이익 13,000원

답 ①
- (1) 기 초 = 50 × @180 = 9,000
  (2) 당기매입 = (100 × @200) − (10 × @200) = 18,000
  (3) 기 말 = 40 × @200 = 8,000
  매출원가 = (1) + (2) − (3) = 19,000
- 상 품

기 초	9,000	매출원가	19,000
당기매입	18,000	기 말	8,000
	27,000		27,000

- 매출총이익 = 매출 30,000(= 100 × @300) − 매출원가 19,000 = 11,000

04. 다음 자료를 이용하여 이동평균법에 의한 8월 말 재고액을 계산하면 그 금액은?

보기				
8월 5일	A상품	매 입	40개	@500원
8월 16일	A상품	매 출	20개	@580원
8월 20일	A상품	매 입	60개	@540원
8월 31일	A상품	매 출	20개	@600원

① 41,920원   ② 31,800원

③ 43,400원   ④ 42,600원

답 ②
- 당기매입 = (40 × @500) + (60 × @540) = 52,400
  매출원가 = (20 × @500) + (20 × @530) = 20,600
  기 말 = 60 × @530* = 31,800
  *8.31. 매출 시 단가 = [(20 × @500) + (60 × @540)]/80 = 530

- 상 품

기 초		0	매출원가	8/16, 31	20,600
당기매입	8/05, 20	52,400	기 말		31,800
		52,400			52,400

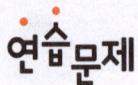
연습문제

05. 다음은 ㈜서울의 당기 상품매입과 관련된 자료이다. 다음 자료를 이용하여 ㈜서울의 매출원가를 계산하면 얼마인가?

보기		
항 목	금 액 (취득원가 기준)	비 고
기초재고자산	100,000원	
당기매입액	500,000원	
기말재고자산실사액	50,000원	창고 보유분
미착상품	30,000원	도착지인도조건으로 현재 운송 중
적송품	100,000원	80% 판매 완료
시송품	30,000원	고객이 매입의사를 표시한 금액 10,000

① 510,000원   ② 480,000원

③ 470,000원   ④ 460,000원

⑤ 350,000원

답 ①
- 기말재고 = 실사액 50,000
  + 미착상품은 도착지인도조건이므로 기말재고에 포함되지 않음
  + 적송품 중 미판매액 20,000
  + 시송품 중 고객으로부터 매입의사를 통보받지 못한 금액 20,000
  = 90,000

- 매출원가 = 기초재고 + 당기매입 − 기말재고
  = 100,000 + 500,000 − 90,000
  = 510,000

06. 당기 중에 물가가 계속 상승하고 기말재고자산의 수량이 기초재고자산의 수량보다 증가할 때 선입선출법과 가중평균법에 의한 기말재고자산, 매출원가, 법인세부담액 및 당기순이익의 크기를 비교한 등식으로 옳은 것은?

> **보기**
>
> • 기말재고자산 : 선입선출법 ⓐ 가중평균법
> • 매출원가   : 선입선출법 ⓑ 가중평균법
> • 법인세부담액 : 선입선출법 ⓒ 가중평균법
> • 당기순이익   : 선입선출법 ⓓ 가중평균법

① ⓐ >, ⓑ >, ⓒ >, ⓓ >
② ⓐ <, ⓑ >, ⓒ >, ⓓ <
③ ⓐ >, ⓑ <, ⓒ >, ⓓ >
④ ⓐ >, ⓑ >, ⓒ <, ⓓ <

답 ③

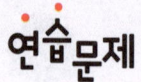

07. B기업의 매출총이익률은 순매출액의 40%다. 이 기업의 상품매매와 관련한 자료가 다음과 같을 때 매출총이익률법에 의해 추정되는 기말재고상품원가는?

> **보기**
>
> • 총매출액 : 364,000원   • 매입할인 : 6,000원
> • 총매입액 : 256,000원   • 매출에누리와환입 : 34,000원
> • 기초재고상품원가 : 50,000원   • 매입에누리와환출 : 8,000원

① 79,600원   ② 92,000원
③ 94,000원   ④ 100,000원

답 ③
 • 순매입액 = 256,000 − 8,000 − 6,000 = 242,000
  순매출액 = 364,000 − 34,000 = 330,000
  매출원가 = 330,000 × (1 − 0.4) = 198,000
  기말재고 = 기초재고 50,000 + 매입 242,000 − 매출원가 198,000 = 94,000

상 품

기 초	50,000	매출원가	198,000
당기매입	242,000	기 말	94,000 plug
	292,000		292,000

08. 다음은 서울상사의 기말상품 장부재고와 실지재고 및 시가와 관련된 자료이다. 상품감모손실 중 30%는 원가성이 있는 것으로 판명되었다. 원가성이 있는 재고자산감모손실과 재고자산평가손실의 합계금액은 얼마인가?

보기					
상품	장부재고	실지재고	단위원가	판매단가	추정판매비
A	800개	750개	@200	@250	@40
B	600개	580개	@180	@200	@30
C	500개	500개	@300	@320	@50

① 13,600원
② 20,800원
③ 24,880원
④ 30,320원

답 ③

	장부금액	실지재고액	순실현가치액
	[재고자산감모손실]		[재고자산평가손실]
A	800 × @200	750 × @200	750 × @min(200, 210)
	[10,000]		[0]
B	600 × @180	580 × @180	580 × @min(180, 170)
	[3,600]		[5,800]
C	500 × @300	500 × @300	500 × @min(300, 270)
	[변화 없음]		[15,000]

• 재고자산감모손실 합계 = 13,600원 × 30% = 4,080원
• 재고자산평가손실 합계 = 20,800원*
  *저가법에 의해 A상품은 재고자산평가이익을 인식하지 않는다.

Section 01

유형자산의 의의, 인식

01 유형자산의 구분과 종류

 오늘은 유형자산에 대해 알아보자.

 유형자산이 뭐예요?

 유형자산(有形, Property, Plant & Equipment, PP&E)은 기업이 재화나 용역의 생산 등에 사용할 목적으로 보유하는 물리적 형태가 있는 자산을 뜻해. 유형자산의 종류에는 어떤 것이 있을까?

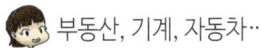 부동산, 기계, 자동차….

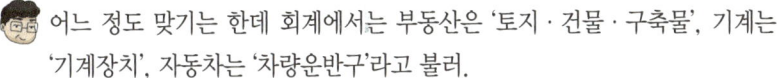 어느 정도 맞기는 한데 회계에서는 부동산은 '토지·건물·구축물', 기계는 '기계장치', 자동차는 '차량운반구'라고 불러.

 부동산은 항상 유형자산인 거죠?

아니, 기업이 보유한 부동산은 유형자산 말고도 재고자산이나 투자부동산으로 분류될 수도 있어.

구 분	내 용
유형자산	재화의 생산이나 용역의 제공 또는 관리목적에 사용하는 부동산 예 공장건물, 사무실, 차량운반구
재고자산	정상적인 영업활동과정에서 판매목적으로 보유하고 있는 부동산 예 건설회사가 보유한 미분양주택
투자부동산	임대수익이나 시세차익을 목적으로 보유하고 있는 부동산

토지, 건물, 기계장치, 차량운반구 이외에 또 어떤 유형자산이 있어요?

비품, 구축물, 시설장치 등이 있지. 한 가지 유의할 것은 소모품은 유형자산이 아니라는 거야. 유형자산이기 위해서는 1년 이상의 장기간에 걸쳐 영업활동에 사용할 수 있어야 하거든. 또 하나! 지금까지 언급하지 않은 중요한 유형자산이 하나 있어. 바로 '건설중인자산'이야.

그건 건설회사에서 만들고 있는 자산을 의미하는 거예요?

아니, 유형자산이 될 자산의 건설을 위한 재료비, 노무비 및 경비처럼 건설을 위해 건설회사에 지출한 금액이나 취득한 기계 등을 포함하는 개념이야.

그냥 '건물'이나 '기계장치'로 쓰면 안 돼요?

 감가상각은 해당 자산이 사용가능한 시점부터 시작하게 되거든. 즉, 자산이 사용가능 직전까지는 '건설중인자산'으로 분류했다가 사용가능한 시점부터 건물, 기계장치 등 본 계정으로 대체하고 감가상각을 시작하는 것이지. 따라서 '건설중'이라는 의미는 아직 사용가능하지 않다는 뜻이기도 해.

회사가 직접 건설하고 있는 자산인 줄 알았는데 그런 의미가 아니었네요.

하지만 이미 사용하고 있는 자산임에도 이익을 더 내려고 '건설중인자산'을 악용하는 경우도 있어. 회계사들이 회계감사를 수행할 때 중점적으로 확인해야 할 사항이기도 하지.

건설중인자산으로 어떻게 이익을 더 낸다는 거예요?

이미 완성되어 사용가능한 상태임에도 여전히 '건설중인자산' 계정을 유지하게 되면 감가상각비를 과소계상하게 되고, 결과적으로 이익이 과대계상하게 돼.

이익을 조작하는 방법이 재고자산을 이용하는 것 외에도 많네요.

 02 취득원가의 인식

유형자산에서 가장 중요한 내용은 취득원가의 인식과 감가상각이야. 먼저 취득원가의 인식부터 살펴볼 텐데, 그 전에 유형자산으로 인식되기 위해서는 다음의 인식기준을 모두 충족해야 해.

① 자산으로부터 발생하는 미래경제적효익이 기업에 유입될 가능성이 높다.
② 자산의 원가를 신뢰성 있게 측정할 수 있다.

여기서 먼저 가능성의 표현을 익혀보자. 아래의 표를 볼래?

1	Virtually certain
2	No realistic alternative
3	Highly probable − significantly more likely than probable
4	Reasonably certain
5	Substantially all (risks and rewards, recover, difference)
6	Substantially enacted
7	Highly effective
8	Principally
9	Significant
10	Major part
11	Probable − more likely than not
12	More likely
13	Likely
14	May but probably will not
15	Reasonably possible
16	Possible
17	Unlikely
18	Highly unlikely
19	Extremely unlikely
20	Minimal probability
21	Sufficiently lower
22	Insignificant
23	Remote
24	Extremely rare
25	Virtually none
26	Not genuine (highly abnormal and extremely unlikely to occur)

 1번이 가장 가능성이 높은 것이고 26번이 가장 낮은 거야. 높다는 것은
'Probable'을 번역한 것인데 'more likely than not'. 글자 그대로 50%를 초

과하는 가능성인 것이지. 한편 일반기업회계기준에서 종종 등장하는 '매우 높다'는 표현은 3번에 해당해. 'Highly Probable'이지.

그런데 이걸 다 외워야 해요?

아니, 아빠도 다 못 외워. 하지만 앞으로 새로운 가능성에 대한 표현이 나올 때마다 확인해보는 것은 도움이 될 거야.

휴, 다행이다.

②도 한번 볼까? 원가측정이라는 말이 나오지? 그런데 이와 관련해서 '자본적 지출'과 '수익적 지출'이라는 용어를 기억해야 해. 국제회계기준에서 사용하는 용어는 아니지만 실무상 널리 사용되는 용어거든.

무슨 뜻인지 감이 잘 안 와요.

요즘 강의실이 5층이라서 계단 올라가는 게 무척 힘들다며?

네, 지은 지 오래된 건물이라서 엘리베이터도 없어요.

만약 아빠가 큰돈을 벌어서 학교건물에 엘리베이터를 설치해서 기증했다고 하자. 건물에 없던 엘리베이터가 설치되었다고 하면 그 건물의 가치 자체가 크게 증가겠지?

당연하죠.

엘리베이터 설치처럼 자산의 가치를 증가시키는 지출을 '자본적 지출'이라고 하고, 이때 사용된 지출을 유형자산의 원가에 포함해.

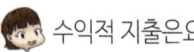 수익적 지출은요?

이와는 달리 강의실 유리창이 깨져서 갈아 끼웠다고 하면 유리창 교체로 인해 건물의 가치가 증가했다고 보긴 어렵겠지? 이처럼 일상적인 수선 유지와 관련하여 발생하는 원가를 '수익적 지출'이라고 하고, '수선비' 등의 계정을 이용해서 당기비용으로 인식해.

유형자산의 원가에는 자본적 지출만 포함되나요?

말 나온 김에 원가의 구성요소를 알아볼까? 원가는 자산을 취득하기 위해 자산의 취득시점이나 건설시점에서 지급한 현금및현금성자산이나 제공한 기타 대가의 공정가치로 정의되고 있어.

용어가 어렵네요.

구체적으로 말하면 다음과 같은데 그냥 편하게 한번 읽어두기만 하면 돼.

원가의 구성요소

가. 관세 및 환급 불가능한 취득 관련 세금을 가산하고 매입할인과 리베이트 등을 차감한 구입가격

나. 경영진이 의도하는 방식으로 자산을 가동하는 데 필요한 장소와 상태에 이르게 하는 데 직접 관련되는 원가

다. 자산을 해체, 제거하거나 부지를 복구하는 데 소요될 것으로 최초에 추정되는 원가

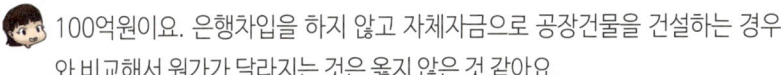

'나'의 예

- 유형자산의 매입 또는 건설과 직접적으로 관련되어 발생한 종업원급여
- 설치장소 준비 원가
- 최초의 운송 및 취급 관련 원가
- 설치원가 및 조립원가
- 유형자산이 정상적으로 작동되는지 여부를 시험하는 과정에서 발생하는 원가
- 전문가에게 지급하는 수수료(설계용역 수수료, 부동산 매매수수료 등)

그런데 말이다, 예컨대 회사가 은행으로부터 차입금을 통해 자금을 조달해서 공장건물을 100억원에 자가건설하여 취득했고, 그 과정에서 이자비용 10억원이 발생했다고 하자. 그러면 공장건물의 원가가 100억원이 되어야 할까, 110억원이 되어야 할까?

100억원이요. 은행차입을 하지 않고 자체자금으로 공장건물을 건설하는 경우와 비교해서 원가가 달라지는 것은 옳지 않은 것 같아요.

그런 문제점이 있기는 하지. 하지만 자산을 취득 건설하는 기간에 취득 건설에 소요된 자금에서 발생한 금융비용을 자산의 원가에 포함시키는데, 이 것을 '차입원가의 자본화'라고 해.

차입원가의 자본화를 반대하는 의견도 만만치 않겠네요.

그래서 일반기업회계기준에서는 '차입원가의 자본화' 여부를 기업의 선택에 맡기고 있지. 하지만 한국채택국제회계기준은 '차입원가의 자본화'를 지지하고 있어. 즉, 한국채택국제회계기준에 따르면 공장건물의 원가가 110억원이 되어야 하는 거야.

그렇다 해도 '자본화'라는 용어가 좀 이상해요. 자본금도 이익잉여금도 아닌 것 같은데….

맞아. '자본화'가 자산의 원가에 포함시킨다는 의미이기는 해도 여기에서의 자본은 자산에서 부채를 차감해서 산출된 자본을 의미하지는 않아.

네?

회계학에서 '자본'이라는 용어가 가끔 자산과 혼동해서 쓰이기도 하거든. 예컨대 리스(Lease)계약 중에서 형식상은 빌린 것이지만 사실상은 할부매입에 가까운 경우 '금융리스'라고 부르는데, 금융리스의 경우 관련 자산과 부채를 재무상태표에 인식한다고 해서 '자본리스'라고 부르기도 하지.

아, 그렇군요.

재무상태표에 '총자본' 대신 '자본총계'라는 용어를 써. 그 이유는 '총자본'이 '총자산'과 종종 같은 의미로 사용되기 때문이야. 한마디로 정보이용자들의 혼란을 초래하지 않기 위함이라고 할 수 있지.

자본총계와 총자본은 다른 의미라는 말이네요.

그래, 차입원가의 자본화 계산방법은 다소 복잡하니까 중급회계쯤에서 배우도록 하고 일단은 '차입원가의 자본화'라는 용어만 기억하도록 해봐. 그리고 실무에서는 가끔 '차입원가의 자본화'라는 용어 대신 세법상 용어인 '건설자금이자'라고 부르기도 하니까 주의하고.

감가상각비

 이제 감가상각비를 알아보자. 감가상각방법에는 정액법, 가속상각법(또는 체감잔액법), 연수합계법, 생산량비례법이 있어. 그리고 가속상각법 중에 대표적인 것이 정률법과 이중체감법이야. 연습문제 하나 풀어보면 다 이해 될 거야.

예제 12-1

㈜서울은 20×1년 1월 1일 기계장치를 1,000,000원에 취득하였다. 내용연수는 4년이 며 잔존가치는 50,000원이다. 다음의 물음에 답하시오. 단, 4년의 정률은 0.528이며, 회사의 결산은 연 1회이다.

정액법, 정률법, 이중체감법, 연수합계법, 생산량비례법을 이용하여 매년 인식할 감가상각비를 계산하시오. 단, 해당 기계는 총 10,000개의 제품을 생산할 수 있을 것으로 추정되며 실제 생산량은 다음과 같다.

- 20×1년 3,000개
- 20×2년 4,000개
- 20×3년 1,000개
- 20×4년 2,000개

01 정액법

 먼저 정액법은 매년 동일한 금액을 상각해나가는 방법이야. 장부금액이 직선의 형태로 감소한다고 해서 영어로는 'Straight Line Method'라고 불러. 풀이에 등장하는 ①~⑩은 문제를 푸는 순서를 의미하니까 유의해서 봐.

 아빠, 내용연수와 잔존가치에 대해 먼저 설명해주세요.

내용연수란 기업이 자산을 사용할 수 있을 것으로 예상하는 기간을 의미해. 잔존가치는 내용연수 종료시점에서 자산의 처분으로부터 획득할 금액이고. 실무상에서는 잔존가치가 경미한 경우가 많아서 잔존가치가 없는 것으로 하는 게 보통이야.

내용연수	기업이 자산을 사용할 수 있을 것으로 예상하는 기간
잔존가치	내용연수 종료시점에서 자산의 처분으로부터 획득할 금액

(1) 정액법

매년 감가상각비 = (원가 − 잔존가치)/내용연수
= (1,000,000 − 50,000)/4
= 237,500

연 도	기초장부금액	감가상각비	감가상각누계액	기말장부금액
20×1	1,000,000	①237,500	①237,500	⑤762,500
20×2	762,500	①237,500	②475,000	⑥525,000
20×3	525,000	①237,500	③712,500	⑦287,500
20×4	287,500	①237,500	④950,000	⑧50,000

02 정률법

이번에는 '가속상각법'에 대해 알아보자.

가면 갈수록 감가상각을 더 한다는 의미예요?

오히려 그 반대지. 내용연수 초기에 내용연수 말기보다 더 많이 감가상각한다는 뜻이야. 그래서 '체감잔액법'이라고 부르기도 해. 달리 말하면 시간의 경과에 따라 감소하는 폭은 줄어든다는 의미지.

체감잔액법에는 어떤 종류가 있어요?

정률법과 이중체감법이 있는데 우리나라에서는 주로 '정률법'을 쓰고, 미국에서는 '이중체감법'을 쓰고 있어. 먼저 정률법부터 풀어보자.

정률이 뭐예요?

원가가 일정기간 경과 후 잔존가치가 되기 위한 비율을 의미해. 정률을 구하는 산식은 좀 복잡하지만, 보통은 문제에 정률이 주어지니까 걱정하지 않아도 돼.

정률법에서 감가상각률 산식의 도출과정

(r = 감가상각률, n = 내용연수, AC = 취득원가, RV = 잔존가치)
취득가액이 일정기간 경과 후 잔존가치가 되기 위한 비율을 계산하는 과정이다.

$$AC \times (1 - r)^n = RV$$
$$\rightarrow (1 - r)^n = RV / AC$$
$$\rightarrow 1 - r = (RV / AC)^{1/n}$$
$$\rightarrow r = 1 - (RV / AC)^{1/n}$$
$$\rightarrow r = 1 - \sqrt[n]{(RV / AC)}$$

(2) 정률법

연 도	기초 장부금액	감가상각비	감가상각 누계액	기말 장부금액
20×1	1,000,000	①528,000(= 1,000,000 × 0.528)	①528,000	②472,000
20×2	②472,000	③249,216(= 472,000 × 0.528)	④777,216	⑤222,784
20×3	⑤222,784	⑥117,630(= 222,784 × 0.528)	⑦894,846	⑧105,154
20×4	⑧105,154	⑩55,154(= ⑨ − ⑦)	⑨950,000	50,000

 정률법에서 주의할 것이 있어. 기초장부금액에서 바로 상각률을 곱한다는 거야.

 잔존가치를 고려하지 않는다는 말이네요.

 주의할 것은 또 있어. 바로 감가상각이 끝나는 연도야. 그때는 '105,154 × 0.528'이 아니라 잔존가치에 맞춰서 역산해야 한다는 거지.

 무슨 뜻이에요?

기초장부금액에 상각률을 곱하는 방식은 정률법과 이중체감법에서만 사용해. 나머지 방법들은 모두 감가상각대상금액(= 원가 − 잔존가치)에 일정률을 곱하는 방식이지. 그러니까 내용연수 종료시점에는 기말장부금액이 50,000원이 되어야 하니까 감가상각누계액은 950,000원이어야 해. 그렇지만 일정한 감가상각률을 적용할 경우 계산된 감가상각누계액과 잔존가치를 감안한 감가상각누계액이 감가상각 종료시점에 정확히 일치하지는 않거든. 그래서 감가상각비는 '⑨ − ⑦'에 해당하는 ⑩의 금액이 되는 거야.

정액법보다 훨씬 어렵네요. 휴우!

03 이중체감법

정률법과 거의 유사한 이중체감법을 알아보자. 정률법과 이중체감법의 차이는 상각률을 구할 때 '1/내용연수 × 2'로 한다는 거야. 따라서 내용연수가 4년이면 이중체감법의 상각률은 0.5가 돼.

왠지 주먹구구식으로 계산하는 것 같은데요?

아까 내용연수 4년 정률이 0.528이었는데 이중체감법에서는 0.5니까 별 차이가 없잖아. 내용연수 5년으로 해도 정률이 0.451인데 이중체감법에서는 0.4(= 1/5 × 2)이니까 역시 별 차이가 나지 않지. 이렇게 상각률 계산이 간단하기 때문에 우리나라에서 실무상 거의 사용되지 않아. 그런데도 시험에는 이중체감법이 자주 출제되고 있어.

(3) 이중체감법

연 도	기초 장부금액	감가상각비	감가상각 누계액	기말 장부금액
20×1	1,000,000	①500,000(= 1,000,000 × 0.5)	①500,000	②500,000
20×2	②500,000	③250,000(= 500,000 × 0.5)	④750,000	⑤250,000
20×3	⑤250,000	⑥125,000(= 250,000 × 0.5)	⑦875,000	⑧125,000
20×4	⑧125,000	⑩75,000(= ⑨ − ⑦)	⑨950,000	50,000

 이중체감법도 정률법에서와 마찬가지로 첫해와 마지막 해의 감가상각비에
유의하면 돼.

 이중체감법이 정률법에 비해 조금 더 쉬운 거 같아요, 헤헤.

04 연수합계법

이제 연수합계법을 배워보자. 연수합계법은 내용연수의 합계를 분모로 하고 잔여 내용연수를 분자로 해서 매년의 감가상각률을 계산하고, 정액법처럼 감가상각대상금액에 감가상각률을 곱해서 감가상각비를 계산하는 방법이야.

---

(4) 연수합계법

• 상각률 : 1년차 = 4/(4 + 3 + 2 + 1) = 0.4

             2년차 = 3/(4 + 3 + 2 + 1) = 0.3

             3년차 = 2/(4 + 3 + 2 + 1) = 0.2

             4년차 = 1/(4 + 3 + 2 + 1) = 0.1

연 도	기초 장부금액	감가상각비	감가상각 누계액	기말 장부금액
20×1	1,000,000	①380,000(= 950,000 × 0.4)	①380,000	⑤620,000
20×2	620,000	①285,000(= 950,000 × 0.3)	②665,000	⑥335,000
20×3	335,000	①190,000(= 950,000 × 0.2)	③855,000	⑦145,000
20×4	145,000	①95,000(= 950,000 × 0.1)	④950,000	⑧50,000

이제 끝으로 '생산량비례법'에 대해서 알아보자. 생산량비례법은 내용연수를 기준으로 감가상각을 하는 것이 아니라 생산량에 비례해서 감가상각을 하는 방법이지. 총 추정생산량을 파악하고 당기 생산량의 비율에 감가상각 대상금액을 곱해서 계산하지. 이해하기 쉬울 거야.

---

(5) 생산량비례법
- 기계장치의 총 추정생산량 10,000개
  - 20×1년 : 3,000개
  - 20×2년 : 4,000개
  - 20×3년 : 1,000개
  - 20×4년 : 2,000개

연 도	기초 장부금액	감가상각비	감가상각 누계액	기말 장부금액
20×1	1,000,000	①285,000(= 950,000 × 3,000/10,000)	①285,000	⑤715,000
20×2	715,000	①380,000(= 950,000 × 4,000/10,000)	②665,000	⑥335,000
20×3	335,000	①95,000(= 950,000 × 1,000/10,000)	③760,000	⑦240,000
20×4	240,000	①190,000(= 950,000 × 2,000/10,000)	④950,000	⑧50,000

 감가상각은 이제 다 끝났다. 아, 맞다! 감가상각을 하는 이유는 알고 있지?

 일단 구입하면 중고가 돼서 가치가 떨어지니까요.

 음… 그렇게 생각하면 안 돼. 감가상각은 원가의 배분과정이지 자산의 평가과정이 아니야. 중고기계의 가격이 상승했다고 감가상각을 중단하는 것은 아니거든.

Section 03

원가모형과 재평가모형

 아빠, 유형자산의 가격 변동은 반영하지 않나요?

 한국채택국제회계기준에서는 유형자산을 취득하여 회계처리한 이후에는 원가모형이나 재평가모형 중 하나를 회계정책으로 선택해서 유형자산의 분류별로 동일하게 적용하도록 규정하고 있어.

 흠… 어려운데요.

 간단히 말해 원가모형은 유형자산을 최초 인식한 후에 원가에서 감가상각누계액과 손상차손누계액을 차감한 금액을 장부금액으로 하는 방법이지. 지금까지 배운 것이 원가모형에 해당해. 반면 유형자산의 공정가치 변동을 반영하는 방법을 재평가모형이라고 해. 최초 인식 후에 공정가치를 신뢰성 있게 측정할 수 있는 유형자산을 재평가일의 공정가치에서 이후의 감가상각누계액과 손상차손누계액을 차감한 재평가금액을 장부금액으로 측정하는 방법이지. 다음의 예제를 보면 이해가 될 거야.

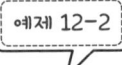

재평가모형의 회계처리

㈜서울은 20×1년 3월 31일 공장부지를 10,000원에 취득하였다. 이후 처분일까지 토지의 추가 취득이나 처분은 없었으며 20×5년 6월 20일 해당 토지를 13,000원에 처분하였다. 매년 말 토지의 공정가치는 다음과 같다. 각 일자별 회계처리를 제시하시오. 단 ㈜서울은 재평가모형을 적용한다.

연 도	20×1년	20×2년	20×3년	20×4년
공정가치	11,000	8,000	9,500	12,000

(풀이)

- 20×1.03.31.   (차) 토 지   10,000   (대) 현 금   10,000
- 20×1.12.31.   (차) 토 지   1,000   (대) 재평가잉여금   1,000
         (기타포괄손익)
- 20×2.12.31.   (차) 재평가잉여금   1,000   (대) 토 지   3,000
         (기타포괄손익)
         재평가손실   2,000
         (당기손익)
- 20×3.12.31.   (차) 토 지   1,500   (대) 재평가이익*   1,500
         (당기손익)

  *재평가손실의 범위 내에서 재평가이익 인식

- 20×4.12.31.   (차) 토 지   2,500   (대) 재평가이익   500
         (당기손익)
         재평가잉여금   2,000
         (기타포괄손익)
- 20×5.06.20.   (차) 현 금   13,000   (대) 토 지   12,000
         유형자산처분이익   1,000

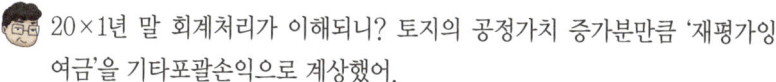 20×1년 말 회계처리가 이해되니? 토지의 공정가치 증가분만큼 '재평가잉여금'을 기타포괄손익으로 계상했어.

기타포괄손익이 무슨 뜻이에요?

포괄손익계산서 설명할 때 한 번 언급한 적이 있는데 손익계산서에 반영하지 않고 자본에 직접 반영하는 것이지. 그러니까 재평가잉여금은 '수익'이 아니고 '자본'에 해당한다는 거야.

아, 그런데 20×2년 말 회계처리는 더 복잡하네요.

토지의 공정가치 감소분 3,000원을 반영해야 하는데, 재평가잉여금 1,000원을 먼저 제거하고 나머지 2,000원은 당기손실로 처리한 거야. 다시 말하면 가격이 취득가액보다 상승하면 기타포괄손익, 취득가액보다 하락하면 당기손익이라는 뜻이지.

일관성이 없는 것 같아요.

보수주의가 적용되었기 때문이야.

재고자산의 저가법 평가에서 나온 그 보수주의요?

그래. 아무튼 재평가손실은 기타포괄손익이 아니고 당기손익이기 때문에 손익계산서에 반영돼.

그런데 20×3년 말에는 가격상승분이 재평가잉여금이 아니라 재평가이익으로 계상했네요?

재평가손실을 이미 인식한 상황에서 재평가손실 범위 내에서 공정가치 상
승분은 재평가이익으로 계상하도록 정하고 있기 때문이야. 그래서 20×4년
말에 재평가이익을 500원만큼만 인식하고 나머지 2,000원은 재평가잉여금
으로 계상한 것이지. 사례를 보자.

(단위 : 천원)

구 분	1996.12.31.	1997.12.31.	1998.12.31.	1999.12.31.
당좌자산(계)	78,326,671	92,947,270	83,294,442	12,662,830
재고자산(계)	70,803,730	68,407,779	73,784,148	51,314,775
유동자산(계)	149,130,401	161,355,048	157,078,590	163,977,604
토 지	78,462,371	81,329,752	299,316,652	301,216,790
건 물	41,385,019	41,733,809	49,409,818	56,326,256
(건물감가상각누계액)	(11,906,757)	(13,565,884)	(7,217,119)	(6,217,752)
유형자산(계)	210,778,022	216,764,684	435,450,241	452,762,686
고정자산(계)	293,524,850	313,937,516	542,756,225	563,375,796
자산총계	442,691,251	475,292,564	699,834,815	727,353,400
유동부채(계)	338,877,003	364,680,795	259,562,989	275,851,478
고정부채(계)	72,449,126	72,113,377	155,562,029	139,975,061
부채총계	411,326,129	436,794,173	415,125,018	415,826,539
자본금	6,786,015	6,786,015	6,786,015	6,786,015
자본잉여금	6,160,653	6,160,653	248,685,192	248,685,192
자본준비금	4,889,042	4,889,042	4,889,042	4,889,042
재평가잉여금	1,271,611	1,271,611	243,796,150	243,796,150
이익잉여금	18,418,454	25,907,651	29,707,732	54,827,098
(당기순이익)	−5,852,197	7,971,459	4,282,343	20,865,077
자본조정	−	−355,927	−469,142	1,228,556
자본총계	31,365,122	38,498,392	284,709,797	311,526,861
부채와자본총계	442,691,251	475,292,564	699,834,815	727,353,400

이 재무상태표에서 주목할 것은 1997년과 1998년 중 당기순이익과 자본총계, 그리고 토지의 가액이야. 먼저 1997년 자산, 부채, 자본이 얼마인지 말해볼래?

자산 약 4,752억원, 부채 약 4,367억원, 그래서 자본은 약 385억원이요. 부채가 무척 많은 편이네요.

그런데 말이다. 1998년을 보면 회사의 당기순이익은 불과 43억원밖에 안 되는데 자본이 크게 증가한 것을 확인할 수 있어.

어, 정말? 2,000억원 이상 늘었어요.

재평가를 통해서 자본이 크게 늘어났기 때문에 부채비율(=부채총계/자본총계)이 크게 떨어지는 결과를 얻은 거야. 1998년 말 현재 회사의 자산은 약 6,998억원, 부채는 약 4,151억원, 따라서 자본은 약 2,847억원이 되었지. 금융기관에서는 부채비율을 무척 중요하게 생각해.

자본이 주주의 추가출자나 사업이익을 통한 이익잉여금이 늘어야만 증가하는 게 아니네요?

맞아, 이 회사는 토지에 대한 재평가를 통해서 재평가잉여금의 증가로 인해 자본이 증가한 거야. 회사가 보유한 토지, 건물을 공정가치로 평가해서 당초 장부금액과 공정가치의 차이를 재평가잉여금으로 계상한 것이지.

헤헤, 무슨 장난 같은데요.

관련 신문기사도 참고로 읽어보자.

L음료, 부채비율 1,114%서 200%미만으로 낮춰

〈매일경제신문〉, 1998.10.01.

L음료가 자산재평가를 단행해 6월 말 현재 1,114%에 달하던 부채비율을 200% 미만으로 끌어내린다. 30일 L음료 관계자는 '재평가실시로 2,500억원의 재평가차익을 내 세액 75억 100만원을 제외한 2,425억원의 자본잉여금이 발생될 전망'이라고 밝혔다. 이로 인해 자본총계가 6월 말 현재 440억 8,000만원에서 6.5배인 2,865억원으로 늘었고, 매년 1,000%를 웃돌던 부채비율도 170%대(추정)로 낮출 수 있게 됐다. L음료가 자산재평가를 단행한 것은 78년 1월 1일 이후 20년 만이다. 회사 관계자는 '그동안 세금부담 등 자금의 사외유출과 감가상각비 부담 때문에 자산재평가를 미뤄왔으나 재무지표와 자금차입조건을 개선하기 위해 재평가를 실시했다'고 설명했다. L음료는 올 상반기에 매출 3,149억원에 64억원의 반기순이익을 냈다.

Section 04
무형자산

01 무형자산의 상각

이제 주제를 바꿔서 무형자산에 대해 좀 더 알아볼까? 유형자산과 비슷하지만 몇 가지 차이점이 있으니 그것만 알면 돼.

차이점이 뭔데요?

무형자산에서는 감가상각(Depreciation)이라고 하지 않고, 상각(Amortization)이라고 해. 그리고 무형자산에서는 유형자산의 경우처럼 상각누계액을 써도 되고, 자산을 직접 차감하는 방법도 가능해.

그 이유가 뭘까요?

무형자산의 경우에는 유형자산에 비해 원가에 대한 정보가 상대적으로 덜 중요하다고 보기 때문이야.

무형이라고 했으니까 형체가 없는 건가요?

그래, 무형자산은 물리적 실체는 없어. 하지만 식별이 가능해야 해. 소프트웨어나 특허권처럼 말이지.

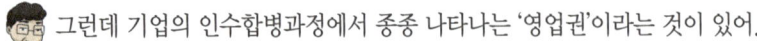

02 영업권

그런데 기업의 인수합병과정에서 종종 나타나는 '영업권'이라는 것이 있어.

영업을 할 수 있는 권리를 영업권이라고 하는 거예요?

아니, 가령 순자산의 공정가치가 100억원인 회사를 130억원을 주고 인수했다면 30억원이 영업권이 되는 거야. 이때 130억원이 기업가치고 말이지.

에? 100억원짜리 회사를 130억원을 주고 사는 게 말이 돼요?

하하, 회계학을 너무 열심히 공부한 후유증이 나타나고 있구나. 예컨대, 브랜드인지도, 시장점유율, 우수한 인력, 노하우 등은 재무상태표 자산에 계상할 방법이 없지? 하지만 기업을 사고팔 때는 거래 상대방은 당연히 그 가치를 인정할 거야. 그래서 영업권이라는 계정이 생기는 거야.

그런 가치가 있다고 하면 회사가 측정해서 스스로 재무상태표에 반영하면 되는 거 아닌가요?

회사가 스스로 재무상태표에 반영하는 영업권을 '자가창설영업권'이라고 하는데, 기업회계기준에서 자가창설영업권의 인식을 금지하고 있지. 회사가 측정해서 반영한다면 다분히 주관적일 수밖에 없기 때문이야.

그러면 기업가치는 어떻게 계산해요?

그건 정말 정답이 없어. 그래도 기업가치평가를 이해하기 위해서는 재무관리 등을 더 공부하는 수밖에 없어.

어휴! 정말 끝이 없네요.

03 개발비

이제 끝으로 개발비에 대해서 공부해보자. 명칭만 봐서는 비용 같겠지만, 무형자산에 해당해. R&D는 연구와 개발(Research and Development)을 의미하는데, 상식적으로 봐서는 연구와 개발이 비슷한 개념으로 여겨질 거야. 하지만 회계학에서는 엄격히 구분하고 있어. 다음의 표를 보자.

구 분	사 례
연구활동	① 새로운 지식을 얻고자 하는 활동 ② 연구결과나 기타 지식을 탐색, 평가, 최종 선택, 응용하는 활동 ③ 재료, 장치, 제품, 공정, 시스템이나 용역에 대한 여러 가지 대체안을 제안, 설계, 평가, 최종선택하는 활동 ④ 새롭거나 개선된 재료, 장치, 제품, 공정, 시스템이나 용역에 대한 여러 가지 대체안을 제안, 설계, 평가, 최종선택하는 활동
개발활동	① 생산이나 사용 전의 시제품과 모형을 설계, 제작, 시험하는 활동 ② 새로운 기술과 관련된, 공구, 지그, 주형, 금형 등을 설계하는 활동 ③ 상업적 생산목적으로 실현가능한 경제적 규모가 아닌 시험공장을 설계, 건설, 가동하는 활동 ④ 신규 또는 개선된 재료, 장치, 제품, 공정, 시스템이나 용역에 대하여 최종적으로 선정된 안을 설계, 제작, 시험하는 활동

 어휴! 이걸 다 암기해야 해요?

 그럴 필요는 없어. 지금은 '연구단계 → 개발단계 → 생산단계'의 순서만 기억해도 돼. 그런데 연구와 개발 중 생산에 가까운 단계가 뭘까?

 개발이죠.

맞아, 개발단계는 생산의 직전단계이므로 일정요건을 충족하는 지출은 무형자산으로 계상하도록 규정하고 있어. 반면 요건을 충족하지 못하면 경상개발비라고 해서 비용으로 처리해. 용이 되어 승천하지 못한 이무기 꼴이지.

 연구단계의 지출은요?

 연구비는 모두 비용으로 처리해야 해. 연구개발 등과 관련하여 발생한 지출은 각 단계별로 다음의 표와 같아.

연구단계	개발단계	생산단계
발생시점에서 비용으로 인식	• 6가지 사항*을 모두 제시할 수 있는 경우에만 무형자산으로 인식 • 그렇지 않으면 발생기간의 비용으로 인식	• 무형자산 상각 등이 제조와 관련 있으면 제조원가에 반영 • 그렇지 않으면 발생기간의 비용으로 인식
연구비 (비용)	• 요건충족 : 개발비(무형자산) • 요건불충족 : 경상개발비(비용)	

*① 무형자산을 사용하거나 판매하기 위해 그 자산을 완성할 수 있는 기술적 실현가능성
② 무형자산을 완성하여 사용하거나 판매하려는 그 기업의 의도
③ 무형자산을 사용하거나 판매할 수 있는 기업의 능력
④ 무형자산이 미래경제적효익을 창출하는 방법, 그중에서도 특히 무형자산의 산출물이나 무형자산 자체를 거래하는 시장이 존재함을 제시할 수 있거나 또는 무형자산을 내부적으로 사용할 것이라면 그 유용성을 제시할 수 있다.
⑤ 무형자산의 개발을 완료하고 그것을 판매하거나 사용하는 데 필요한 기술적, 재정적 자원 등의 입수가능성
⑥ 개발과정에서 발생한 무형자산 관련 지출을 신뢰성 있게 측정할 수 있는 기업의 능력

 만약에 개발비라는 무형자산으로 계상하면 어떤 영향이 있어요?

 비용처리하지 않고 자산으로 계상한 후에 일정기간 상각해나갈 테니까 당장은 회사의 이익이 늘어나겠지.

다음의 사례에서 회사의 자산구성이 어떻게 변하고 있는지 주목해보자.

(단위 : 천원)

구 분	2005.12.31.	2006.12.31.	2007.12.31.	2008.12.31.
유동자산(계)	883,643	1,076,918	1,374,031	1,821,506
당좌자산(계)	788,925	820,071	940,903	1,272,372
재고자산(계)	94,719	256,846	433,128	549,134
비유동자산(계)	460,615	790,549	1,434,447	1,926,322
투자자산(계)	4,000	32,838	74,620	79,990
유형자산(계)	272,468	572,598	877,713	934,004
(유형자산감가상각누계액계)	(33,282)	(134,451)	(203,102)	(356,456)
무형자산(계)	153,808	154,772	473,396	903,610
(상각누계액)	(987)	(4,173)	–	–
개발비	142,345	142,345	464,289	897,823
소프트웨어	11,463	12,427	9,107	5,787
(소프트웨어상각누계액)	(987)	(4,173)	–	–
기타비유동자산(계)	30,340	30,340	8,718	8,718
자산총계	**1,344,259**	**1,867,466**	**2,808,478**	**3,747,828**
유동부채(계)	794,131	417,416	858,539	1,832,886
비유동부채(계)	–	572,133	1,030,929	980,781
부채총계	**794,131**	**989,550**	**1,889,468**	**2,813,667**
자본금	410,000	410,000	410,000	410,000
보통주자본금	410,000	410,000	410,000	410,000
자본조정	−3,023	–	–	–
이익잉여금	143,151	467,916	509,010	524,161
미처분이익잉여금	143,151	467,916	509,010	524,161
[당기순이익]	143,151	327,789	41,093	15,151
자본총계	**550,128**	**877,916**	**919,010**	**934,161**
부채와자본총계	**1,344,259**	**1,867,466**	**2,808,478**	**3,747,828**

2008년 자산 중에서 약 9억원이 개발비네요. 회사의 개발비가 늘어나는 가운데 회사의 당기순이익은 계속 줄어들고 있고요.

 잘 찾았네. 회사가 개발비를 통해 가까스로 이익을 실현한 거야. 실무상 개발비는 중소벤처기업들의 이익조작을 위해 활용되는 경우가 많아. 그래서 재무제표의 분석자 입장에서는 개발비의 자산가치를 인정하기는 어렵다고 봐야겠지.

 음, 재무제표에 숨은 의미들이 많네요.

 하하, 오늘은 여기까지 하자. 수고 많았다.

요약하기!

- 유형자산(Property, Plant & Equipment, PP&E) : 기업이 재화나 용역의 생산 등에 사용할 목적으로 보유하는 물리적 형태가 있는 자산
- 건설중인자산 : 유형자산의 건설을 위한 재료비, 노무비 및 경비에 해당하고 건설을 위해 건설회사에 지출한 금액이나 취득한 기계

- 자본적 지출 : 유형자산 자체의 가치를 증가시키는 지출
  유형자산의 원가에 포함
- 수익적 지출 : 일상적인 수선 유지와 관련하여 발생하는 원가
  수선비 등의 계정을 이용해서 당기비용으로 인식

- 원가 : 자산을 취득하기 위해 자산의 취득시점이나 건설시점에서 지급한 현금 및현금성자산이나 제공한 기타 대가의 공정가치
- 감가상각방법의 종류
  – 정액법, 가속상각법(또는 체감잔액법), 연수합계법, 생산량비례법
  – 가속상각법(정률법, 이중체감법)
- 감가상각 = 원가의 배분과정
  ≠ 자산의 평가과정

- 원가모형 : 유형자산을 최초 인식한 후에 원가에서 감가상각누계액과 손상차손 누계액을 차감한 금액을 장부금액으로 하는 방법
- 재평가모형 : 유형자산의 공정가치 변동을 반영하는 방법

- 무형자산 감가상각(Depreciation)이라 하지 않고 상각(Amortization)이라 한다.
- 무형자산의 상각은 상각누계액을 써도 되고, 자산을 직접 차감하는 방법도 가능하다.
- 무형자산은 물리적 실체는 없지만 식별가능한 자산을 뜻한다.
- 개발단계에서 발생한 것으로 일정요건을 충족하는 지출은 무형자산으로 계상한다.

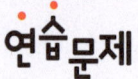

※ 01 ~ 04 다음 보기를 바탕으로 질문에 답하시오.

> **보기**
>
> ㈜바롬은 20×1년 1월 1일 기계장치를 1,000,000원에 취득하였다. 내용연수는 4년이며 잔존가치는 50,000원이다. 다음의 물음에 답하시오(단, 4년의 정률은 0.528이며, 회사의 결산은 연 1회다).

01. 정액법으로 감가상각한 경우 20×3년 말 기계장치의 장부금액은 얼마인가?

① 250,000원 　　　　　　② 237,500원

③ 287,500원 　　　　　　④ 525,000원

⑤ 285,000원

답 ③

20×3년 말 감가상각누계액 = [(1,000,000 − 50,000)/4] × 3 = 712,500

02. 정률법으로 감가상각한 경우 20×4년의 감가상각비는 얼마인가?

① 55,154원 　　　　　　② 55,521원

③ 75,000원 　　　　　　④ 95,000원

⑤ 62,500원

답 ①

• 20×1년 말 감가상각비 = 1,000,000 × 0.528 = 528,000
• 20×2년 말 감가상각비 = 472,000 × 0.528 = 249,216
• 20×3년 말 감가상각비 = 222,784 × 0.528 = 117,630
• 20×4년 말 감가상각비 = (취득가액 − 잔존가치) − 20×3년 말 감가상각누계액
　　　　　　　　　　　 = (1,000,000 − 50,000) − 894,846 = 55,154

03. 이중체감법으로 감가상각한 경우 20×4년의 감가상각비는 얼마인가?

① 55,154원   ② 55,521원

③ 62,500원   ④ 95,000원

⑤ 75,000원

답 ⑤
- 20×1년 말 감가상각비 = (1,000,000 − 0) × 2/4 = 500,000
- 20×2년 말 감가상각비 = (1,000,000 − 500,000) × 2/4 = 250,000
- 20×3년 말 감가상각비 = (1,000,000 − 750,000) × 2/4 = 125,000
- 20×4년 말 감가상각비 = (취득가액 − 잔존가치) − 20×3년 말 감가상각누계액
  = (1,000,000 − 50,000) − 875,000 = 75,000

04. 연수합계법으로 감가상각한 경우 20×2년의 감가상각비는 얼마인가?

① 250,000원   ② 237,500원

③ 287,500원   ④ 525,000원

⑤ 285,000원

답 ⑤
- 20×1년 말 감가상각비 = (1,000,000 − 50,000) × 4/10 = 380,000
- 20×2년 말 감가상각비 = (1,000,000 − 50,000) × 3/10 = 285,000

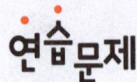

연습문제

---

05. 회사 소유 업무용 차량의 엔진오일을 교체하고 아래와 같이 분개한 후 나타나는 결과 중 옳은 것은?

> **보기**
>
> (차) 차량운반구 50,000 / (대) 현 금 50,000

① 자산의 과소계상　　　　② 비용의 과소계상

③ 수익의 과대계상　　　　④ 부채의 과소계상

🔑 ②
　수익적 지출에 해당하는 금액을 자산계상했으므로 자산의 과대계상, 비용의 과소계상에 해당한다.

06. 다음 중 유형자산의 취득원가에 해당하지 않는 항목은?

① 토지구획정리비　　　　② 배수로설치비

③ 등록면허세　　　　　　④ 재산세

🔑 ④
　재산세는 유형자산을 취득한 이후에 발생하므로 원가에 가산하지 않고 비용으로 처리한다.

07. ㈜백두는 사업확장을 위해 영업용으로 사용할 건물을 100,000원에 구입하고 구입대금은 다음 지출항목과 함께 현금으로 지급하였다. 원가를 계산하시오.

> **보기**
> • 사용 전 수리비 : 10,000원   • 등록면허세 : 20,000원
> • 취득세 : 20,000원   • 취득 후 재산세 : 40,000원
> • 등기비용 : 30,000원   • 부동산중개수수료 : 10,000원

① 180,000원   ② 190,000원
③ 220,000원   ④ 230,000원

답 ②
  • 일반구입으로 건물을 취득한 경우 원가는 구입가격에 부대비용을 가산한 금액으로 한다.
  • 한편 취득 이후에 발생한 재산세는 당기비용으로 처리한다.
  • 취득원가 = 구입대금 + 사용 전 수리비 + 취득세 + 등기비용 + 등록면허세 + 부동산중개수수료
        = 100,000 + 10,000 + 20,000 + 30,000 + 20,000 + 10,000
        = 190,000

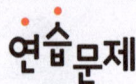

08. '신축 중인 영업용 건물 4,500,000원(공사계약금액)이 완공되어 인수하고 공사비 잔액 1,000,000원과 등기비용 50,000원은 현금으로 지급하다'의 올바른 분개는?

① (차) 건 물　　　　　5,550,000　　(대) 현 금　　　　　1,050,000
　　　　　　　　　　　　　　　　　　　　건설중인자산 4,500,000

② (차) 건 물　　　　　4,550,000　　(대) 현 금　　　　　1,050,000
　　　　　　　　　　　　　　　　　　　　건설중인자산 3,500,000

③ (차) 건 물　　　　　4,500,000　　(대) 현 금　　　　　3,500,000
　　　　수수료비용　　　 50,000　　　　　건설중인자산 1,050,000

④ (차) 건 물　　　　　1,050,000　　(대) 현 금　　　　　1,050,000

🖐 ②
- 따옴표 안의 의미는 '회사가 외부 건설회사에 4,500,000원에 영업용 건물 건축을 계약했고, 공사비로 3,500,000원을 이미 지급했으며, 건물이 완공되어 잔금 1,000,000원을 지급했다'는 내용이다.
- 건물의 신축을 의뢰하고 공사계약(착수)금 및 중도금 명목으로 3,500,000원(공사계약금액 4,500,000)을 지급했을 때의 분개는 다음과 같다.
  (차) 건설중인자산　3,500,000　(대) 현 금　　　　3,500,000
- 완공되면 건설중인자산을 건물로 대체하는 회계처리가 필요하다.
  (차) 건 물　　　　3,500,000　(대) 건설중인자산　3,500,000　→ ⓐ
- 잔금 1,000,000원 지급에 대한 회계처리가 필요하다.
  (차) 건 물　　　　1,000,000　(대) 현 금　　　　1,000,000　→ ⓑ
- 등기비용으로 지출한 현금 50,000원은 건물 취득을 위한 직접적 지출이므로 건물로 회계처리한다.
  (차) 건 물　　　　　 50,000　(대) 현 금　　　　　 50,000　→ ⓒ
- ⓐ, ⓑ, ⓒ 분개를 합한 것이 답이 된다.

09. 유형자산으로 분류하기 위한 조건이 아닌 것은?

① 영업활동에 사용할 목적으로 취득해야 한다.

② 물리적인 실체가 있어야 한다.

③ 판매목적으로 보유하고 있어야 한다.

④ 장기간 사용할 목적으로 보유하고 있어야 한다.

답 ③

　판매목적으로 보유하는 자산은 재고자산이다.

10. 감가상각과 관련된 다음 설명 중 잘못된 것은?

① 수익비용대응원칙에 따라 기업의 수익창출활동에 기여한 기간 동안 유형자산의 원가를 비용으로 인식하는 것이다.

② 감가상각은 유형자산의 가치감소분을 인식하는 것이 아니라 내용연수에 걸친 원가의 비용배분과정이다.

③ 동일한 상황에 처해 있는 기업이라도 감가상각방법을 어떻게 선택하는가에 따라 당기순이익이 달라질 수 있다.

④ 다른 요건이 동일하다면 유형자산 취득 초기에는 정액법에 의한 감가상각비가 정률법에 의한 감가상각비보다 많다.

답 ④

　다른 요건이 동일하다면 취득 초기의 정률법의 감가상각비는 정액법보다 크다.

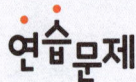
연습문제

11. 원가 200,000원, 내용연수 10년, 잔존가치 20,000원인 비품을 결산 시 정액법으로 감가상각한다(단, 결산은 연 2회). 결산 시 알맞은 분개는?

① (차) 감가상각비   90,000   (대) 감가상각누계액 90,000

② (차) 감가상각비   18,000   (대) 감가상각누계액 18,000

③ (차) 감가상각비   9,000   (대) 감가상각누계액   9,000

④ (차) 감가상각비   20,000   (대) 비 품   20,000

답 ③
- 1년 감가상각비 = (원가 200,000 − 잔존가치 20,000)/10년
                       = 18,000
- 결산이 연 2회이므로 6개월 감가상각비를 계상한다.

12. 20×3년 1월 1일에 취득한 700,000원의 기계장치에 대하여 결산일인 20×4년 12월 31일에 연수합계법에 의한 감가상각비는? (단, 결산은 연 1회, 잔존가치는 원가의 10%, 내용연수 4년)

① 252,000원   ② 210,000원

③ 189,000원   ④ 126,000원

답 ③
$(700,000 − 70,000) \times 3/(4 + 3 + 2 + 1) = 189,000$

13. 20×1년 1월 1일에 신형기계장치를 구입하였다. 취득원가 5,000,000원, 내용연수 5년, 잔존가치 500,000원이고, 연수합계법으로 감가상각한다. 이 기계장치를 20×2년 12월 31일에 2,500,000원에 처분한 경우 기계장치의 처분손익은 얼마가 되는가?

① 200,000원 이익　　　　　　② 300,000원 이익

③ 200,000원 손실　　　　　　④ 300,000원 손실

답 ①
- 2년간의 감가상각비 = (5,000,000 − 500,000) × (5 + 4)/(5 + 4 + 3 + 2 + 1)
　　　　　　　　= 2,700,000
- 처분손익 = 2,500,000 − (취득가액 5,000,000 − 감가상각누계액 2,700,000)
　　　　　= 200,000

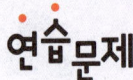

14. 영업용 건물을 처분하고 대금 1,800,000원을 현금으로 받았다. 영업용 건물의 취득원가는 3,000,000원이고 감가상각누계액은 1,500,000원이었다면 다음 중 처분 시 올바른 회계처리는?

① (차) 당좌예금　　　1,800,000　　(대) 현 금　　　　　　1,800,000
　　　감가상각누계액 1,500,000　　　　유형자산처분이익 1,500,000

② (차) 현 금　　　　　1,800,000　　(대) 건 물　　　　　　1,800,000

③ (차) 현 금　　　　　1,800,000　　(대) 건 물　　　　　　3,000,000
　　　감가상각누계액 1,500,000　　　　유형자산처분이익　 300,000

④ (차) 현 금　　　　　1,800,000　　(대) 건 물　　　　　　3,000,000
　　　유형자산처분손실 1,200,000

탑 ③
- 유형자산을 처분하는 경우 감가상각누계액을 차변에 기입하여 소멸시키고 건물은 취득원가로 대변에 기입하며 차액은 유형자산처분손익으로 처리한다.

- 장부금액 1,500,000원(= 3,000,000 − 1,500,000)인 건물을 1,800,000원에 처분했으니 처분이익 300,000원이 발생한다.
　(차) 현 금　　　　　　1,800,000　(대) 건 물(순액)　　　1,500,000
　　　　　　　　　　　　　　　　　　　유형자산처분이익　 300,000

- 이 분개에서 건물을 총액(취득가액 − 감가상각누계액)의 형태로 나타내면 다음과 같다.
　(차) 현 금　　　　　　1,800,000　(대) 건 물　　　　　　3,000,000
　　　감가상각누계액　 1,500,000　　유형자산처분이익　 300,000

15. 다음 중 무형자산에 대한 설명으로 잘못된 것은?

① 무형자산으로 인식되기 위해서는 식별가능성, 자원에 대한 통제, 미래경제
적효익의 존재라는 조건을 모두 충족해야 한다.

② 무형자산의 잔존가치는 특별한 경우를 제외하고는 없는 것으로 본다.

③ 연구단계에서 발생한 지출액은 발생시점에 비용으로 인식한다.

④ 기업이 내부적으로 창출한 영업권은 무형자산으로 인식한다.

답 ④

내부적으로 창출한 영업권은 인정하지 않으므로 무형자산으로 인식할 수 없다.

아침에 받을까, 저녁에 받을까?

— 현재가치와 회계처리, 금융부채

Section 01

현재가치의 개념

 조삼모사(朝三暮四)라는 고사성어 아니?

 원숭이들이 먹이를 아침에 세 개, 저녁에 네 개씩 주겠다는 말에는 적다고 화를 내더니 아침에 네 개, 저녁에 세 개씩 주겠다는 말에는 좋아했다는 고사죠. 간사한 꾀로 속이는 것을 의미하잖아요.

 오! 제법이네.

 헤헤, 방금 스마트폰으로 검색해본 거예요.

 하하! 그런데 말이야, 만약 먹이를 주는 간격이 당일 아침과 저녁 정도의 시차가 아니라 1년 이상 장기간이라면 어떻게 될까?

 그게 그거 아니에요?

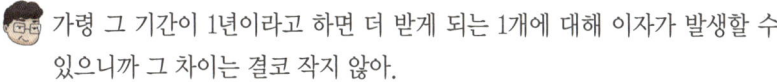 가령 그 기간이 1년이라고 하면 더 받게 되는 1개에 대해 이자가 발생할 수 있으니까 그 차이는 결코 작지 않아.

이자요?

만약 알바비로 당장 1,000,000원을 받을 수 있는 경우와 1년 후 1,000,000원을 받을 수 있는 경우가 있다면 너라면 뭘 선택할래?

저라면 당장 받을래요. 1년을 어떻게 참아요? 참는다고 더 주는 것도 없는데.

그렇다면 당장 1,000,000원을 받을 수 있는 경우와 1년 후 1,100,000원을 받을 수 있는 경우라면?

어? 그건 잘 판단이 안 되네요.

이자율에 따라 다르지 않을까? 이자율이 10%라고 했을 때 지금 당장 1,000,000원을 받아서 예금하면 1년 후에 이자를 포함해서 1,100,000원[= 1,000,000원 × (1 + 10%)]을 받게 되겠지. 그러니까 이자율이 10%면 양자가 동일하고, 10%를 초과하면 당장 받는 것이 유리하고, 10% 미만이면 1년 후에 받는 것이 유리할 거야.

아! 그렇겠네요.

바보

난 현재가치도 안다구!

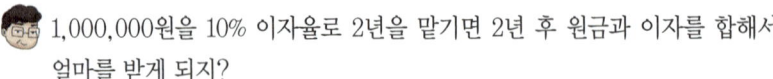 1,000,000원을 10% 이자율로 2년을 맡기면 2년 후 원금과 이자를 합해서 얼마를 받게 되지?

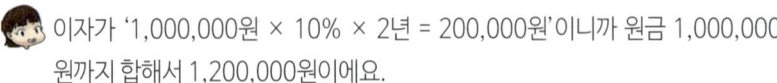 이자가 '1,000,000원 × 10% × 2년 = 200,000원'이니까 원금 1,000,000 원까지 합해서 1,200,000원이에요.

네가 계산한 방식은 이자에 이자가 붙지 않는 방식이지. 단리(單利)계산을 한 거야. 하지만 회계학이나 재무관리에서는 기본적으로 이자에 이자가 붙는 복리(複利)계산을 원칙으로 해.

- 1,000,000원 × (1 + 10%) = 1년 후 1,100,000원
- 1,100,000원 × (1 + 10%) = 2년 후 1,210,000원
- ∴ 1,000,000원 × [(1 + 10%)²] = 1,210,000원

이자 100,000원에 이자 10%가 붙어서 10,000원 차이가 발생한 거야. 결론적으로 이자율이 10%라면 1,000,000원의 1년 후 미래가치는 1,100,000원, 2년 후 미래가치는 1,210,000원이 되는 것이지. 3년 후 미래가치는 얼마일지 계산해볼래?

1,000,000원 × 1.1³ = 1,000,000원 × 1.1 × 1.1 × 1.1 = 1,331,000

공학용 계산기면 간단하게 1.1의 3승(乘)으로 누르면 될 텐데 단순기능 계산기는 불편하네요.

단순기능 계산기에도 제곱을 계산하는 기능이 있단다. 가령 1.1^3은 '1.1, ×, ×, =, ='의 순서로 누르면 돼. 곱하기를 두 번 누르고 등호를 한 번 누르면 제곱, 두 번 누르면 세제곱….

와! 진짜 신기해요.

이제 반대로 생각해보자. 이자율은 10%라고 했을 때 1년 후에 1,000,000원을 받으려면 지금 얼마를 투자해야 할까?

- ? × (1 + 10%) = 1,000,000
- ? = 1,000,000/1.1 = 909,091

1년 후에 받기로 한 매출채권 1,000,000원의 실제가치는 909,090원 정도라는 얘기네요.

맞아. 그런데 이때의 909,090원을 실제가치라고 하지 않고 '현재가치'라고 해. 그러면 2년 후 1,000,000원의 현재가치는 얼마일까?

- ? × (1 + 10%)^2 = 1,000,000
- ? = 1,000,000/1.1^2 = 826,446

그런데 단순기능 계산기로는 나누기 1.1을 두 번 눌러야 하니 불편한걸요.

곱할 때와 마찬가지로 '1.1, ÷, ÷, 1, =, =, ×, 1,000,000'의 순서로 누르면 돼. 등호를 두 번 누르면 제곱, 세 번 누르면 세제곱….

와! 단순기능 계산기에 이런 기능이 있는 줄 몰랐어요.

 하하, 그래서 겉모습만 보고 판단하면 안 되는 거야. 내친 김에 3년 후 1,000,000원의 현재가치도 계산해보자.

- A × (1 + 10%)^3 = 1,000,000
- A = 1,000,000/1.1^3 = 751,315

 등호를 세 번 누르니까 세제곱이 계산되는 것이 신기해요.

 좀 있다가 더 신기한 걸 보여줄게. 이번에는 3년간 매년 말 1,000,000원을 받을 때 받을 총금액의 현재가치는 얼마가 될까?

(1,000,000/1.1) + (1,000,000/1.1^2) + (1,000,000/1.1^3)
 = 909,091 + 826,446 + 751,315
 = 2,486,851

 하나씩 결과를 메모해가면서 계산하려니까 좀 불편해요.

 더 편하게 계산할 수도 있어.

$(1{,}000{,}000/1.1) + (1{,}000{,}000/1.1^2) + (1{,}000{,}000/1.1^3)$
$= 1{,}000{,}000 \times (1/1.1 + 1/1.1^2 + 1/1.1^3)$

→ 계산기 조작순서 : 1.1 ÷ ÷ 1 = = = GT × 1,000,000

GT가 뭐예요?

등호를 눌렀을 때 계산된 각각의 값들을 합산하는 기능이야. 괄호 속의 값을 계산한 것이지.

어렵지 않아요!

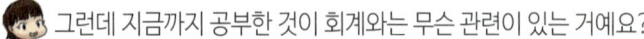

현재가치의 회계처리와 유효이자율법

🧑 그런데 지금까지 공부한 것이 회계와는 무슨 관련이 있는 거예요?

👨 예를 들어 2년 이후에 받기로 한 매출채권이 1,000,000원 있는데 이것을 장부에 1,000,000원으로 기록한다면 현재가치가 1,000,000원에 상당히 미달하겠지? 그런 경우 조정이 필요하거든.

🧑 어떻게 조정한다는 거예요?

👨 이자율 10%를 가정하고 어떤 회사가 20×1년 1월 1일 용역을 제공하고 2년 후인 20×2년 12월 31일 1,000,000원을 받기로 했다고 하자. 매출로 인식할 금액은 얼마가 되어야 할 거 같니?

🧑 1,000,000원이요. '(차) 매출채권 1,000,000 / (대) 매 출 1,000,000', 이렇게 되는 것 아니에요?

👨 아쉽게도 틀렸어. 1,000,000원의 현재가치만큼만 매출로 잡아야 하거든. 1,000,000원의 현재가치가 826,446(= $1,000,000/1.1^2$)이니까 다음과 같이 회계처리해.

20×1.01.01.	(차) 매출채권	826,446	(대) 매 출		826,446

🧑 하지만 2년 후에 결국 1,000,000원을 받게 되잖아요. 저렇게 회계처리하면 1,000,000원과 현재가치의 차이를 어떻게 처리할지 난감할 거 같은데….

👨 1,000,000원과 현재가치의 차이는 지금 당장 받지 않고 2년간을 기다린 대

가에 해당해. 그래서 그 부분만큼을 이자수익으로 계상해.

 이자명목으로 받은 것이 아닌데도요?

실질이 이자이므로 이자로 본다는 거야.

그러면 2년 후에 명목금액 1,000,000원과 현재가치 826,446원의 차이 173,554원을 이자수익으로 잡는다는 거죠?

이자는 매년 발생하는 거잖아. 때문에 2년차에 한꺼번에 잡으면 안 돼.

그럼 매년 '173,554/2 = 86,777'만큼을 이자수익으로 잡아요?

매년 이자수익을 인식하는 것은 맞지만 그 방식도 엄밀히 말하면 틀려. 네가 적용한 방식을 정액법이라고 하는데 기업회계기준에 위배되는 방법이야. 매년 적용되는 이자율이 다르게 나타나거든.

이자율이 다르게 나타난다는 것이 무슨 뜻이죠?

20×1년에 원금이 826,446원인데 이자가 86,777원이라면 이자율은 10.5% 가 돼. 20×2년에는 원금이 913,223원(= 826,446 + 86,777)인데 이자가 86,777원이니까 이자율이 9.5%가 되고.

아, 그러면 어떻게 해야 하죠?

1차 연도에는 '826,446 × 10% = 82,645'를 이자수익으로 잡고 2차 연도에는 나머지 '90,909(= 173,554 - 82,645)'를 이자수익으로 잡는 거야. 다음의 표와 같이 나타나지.

구 분	장부금액×유효이자율(10%) (A)	원금상환 (B)	차 이 (A-B)	장부금액
20×1.01.01.				①826,446
20×1.12.31.	82,645(=①826,446 ×10%)	-	②82,645	③909,091(=①+②)
20×2.12.31.	90,909(=③909,091 ×10%)	-	④90,909	⑤1,000,000(=③+④)

 에, 복잡해라. 그런데 이게 어떻게 이자율이 일정하게 나타난다는 거예요?

 20×1년 매출채권의 기초장부금액 826,446원에 이자수익이 82,645원이 니까 10%이고, 20×2년 매출채권의 기초장부금액 909,091원에 이자수익 90,909원이니까 역시 10%가 되지.

 진짜 그러네요.

 이러한 방식을 '유효이자율법'이라고 하는데 기업회계기준에서 이것을 인정 하고 있어. 회계처리는 다음과 같이 하면 돼.

- 20×1.01.01. (차) 매출채권 826,446 (대) 매 출 826,446
- 20×1.12.31. (차) 매출채권 82,645 (대) 이자수익 82,645
- 20×2.12.31. (차) 매출채권 90,909 (대) 이자수익 90,909
  현 금 1,000,000 매출채권 1,000,000

 이자수익만큼 매출채권이 늘어나는 것으로 회계처리하는 거네요.

 맞아. 그런데 이렇게 회계처리하면 매출채권의 명목금액인 1,000,000원이 표시가 되지 않는 문제가 있어. 그래서 매출채권을 명목금액으로 표시하고 명목금액과 현재가치의 차이를 '현재가치할인차금'이라는 자산의 차감계정을 이용하기도 해.

20×1.01.01.	(차) 매출채권	1,000,000	(대) 매 출	826,446
			현재가치할인차금	173,554

재무상태표에 다음과 같이 표시하면 매출채권의 명목금액과 현재가치가 모두 표시되니까 정보이용자에게 더 유용하지.

마치 유형자산 취득가액에서 감가상각누계액을 차감표시한 것과 같은 방식이군요.

옳지! 맞아.

부분 재무상태표

매출채권	1,000,000		
(현재가치할인차금)	(173,554)		
	826,446		

현재가치할인차금을 이용하는 방식이면 나머지 회계처리도 다음과 같이 바뀌게 돼. 매출채권의 증가가 아니라 현재가치할인차금의 감소로 표시하는 거야.

20×1.12.31.	(차) 현재가치할인차금	82,645	(대) 이자수익	82,645
20×2.12.31.	(차) 현재가치할인차금	90,909	(대) 이자수익	90,909
	현 금	1,000,000	매출채권	1,000,000

Section 03
금융상품의 분류와 사채

 지금까지 아빠가 설명한 것은 사실 금융자산에 대한 얘기를 해주려는 의도였는데, 금융자산을 이해하려면 먼저 금융상품에 대해 알아야 해.

 금융상품이 뭐예요?

 금융상품은 거래당사자 일방에게 금융자산을 발생시키고 동시에 거래당사자 일방에게 금융부채나 지분상품을 발생시키는 모든 계약으로 정의하고 있어. 이렇듯 금융상품에는 계약에 참여하는 두 당사자가 있게 되지.

 그럴 수밖에 없겠죠. 금융상품에 대한 투자자와 금융상품의 발행자인 채무자.

 그렇지. 금융상품의 계약 당사자들은 이중성을 가져서 한쪽 계약당사자 입장(투자자)에서는 금융상품으로 경제적 권리인 금융자산이 발생하고, 다른 계약당사자(채무자) 입장에서는 경제적 의무인 금융부채가 발생하거나 자본인 지분상품이 발생하게 되는 거야.

 상당히 어려운데요.

 한국채택국제회계기준에서 정의하고 있는 금융자산과 금융부채 및 지분상품은 다음과 같아.

(1) 금융자산

  1) 현 금

  2) 다른 기업의 지분상품

  3) 다음 중 어느 하나에 해당하는 계약상 권리

    ① 거래상대방에게서 현금 등 금융자산을 수취할 계약상 권리(매출채권 등)

    ② 잠재적으로 유리한 조건으로 거래상대방과 금융자산이나 금융부채를 교환하기로 한 계약상 권리

  4) 자기지분상품으로 결제하거나 결제할 수 있는 다음 중 하나의 계약

    ① 수취할 자기지분상품의 수량이 변동 가능한 비파생상품

    ② 확정 수량의 자기지분상품을 확정 금액의 현금 등 금융자산과 교환하여 결제하는 방법 외의 방법으로 결제하거나 결제할 수 있는 파생상품

(2) 금융부채

  1) 다음 중 어느 하나에 해당하는 계약상 의무

    ① 거래상대방에게 현금 등 금융자산을 인도하기로 한 계약상 의무

    ② 잠재적으로 불리한 조건으로 거래상대방과 금융자산이나 금융부채를 교환하기로 한 계약상 의무

  2) 자기지분상품으로 결제하거나 결제할 수 있는 다음 중 하나의 계약

    ① 인도할 자기지분상품의 수량이 변동 가능한 비파생상품

    ② 확정 수량의 자기지분상품을 확정 금액의 현금 등 금융자산과 교환하여 결제하는 방법 외의 방법으로 결제하거나 결제할 수 있는 파생상품

(3) 지분상품

기업의 자산에서 모든 부채를 차감한 후의 잔여지분을 나타내는 모든 계약

(4) 공정가치

측정일에 시장참여자 사이의 정상거래에서 자산을 매도할 때 받거나 부채를 이전할 때 지급하게 될 가격

🙍 금융자산에 다른 기업의 주식과 매출채권이 포함되어 있네요. 그러면 매출채권도 금융자산이에요?

🧑 맞아! 그렇지만 다른 기업의 주식과 성격은 많이 다르지.

01 사채

🧑 금융자산은 다음 시간으로 미루고 오늘은 금융부채 중 대표적인 사채(社債)에 대해 알아보자.

🙍 사채가 뭐예요? 이자 엄청 비싸다는 대부업 같은 거예요?

🧑 방금 네가 말한 것은 사채(私債)고, 내가 설명하려는 것은 주식회사가 다수의 일반투자자로부터 거액의 장기자금을 조달하기 위해서 발행하는 채권(債券)을 의미해.

🙍 매출채권이라고 할 때 그 채권이에요?

🧑 아니, 네가 말한 채권(債權)은 금전을 받을 권리를 의미하는 것이고 아빠가 말하는 건 유가증권이야.

구 분	발행 주체
국 채	국 가
지방채	지방자치단체
공 채	정부투자기관 등 공공기관
금융채	금융기관
사 채	회 사

채권은 주식이랑은 또 다른 거죠?

당연하지. 회사 입장에서 주식을 소유한 투자자는 주주고, 사채를 보유한 투자자는 채권자이거든.

그렇다면 사채를 보유한 투자자는 회사 경영에는 참여할 수 없겠네요?

사채가 주식으로 전환이 가능한 특별한 경우(전환사채, 신주인수권부사채)가 아니라면 경영에 참여할 수 없지. 결국 사채의 투자자는 회사로부터 원금과 이자만 받으면 그만인 거야.

그런데 회사가 은행이나 다른 금융기관에서 돈을 빌리면 되잖아요. 굳이 사채를 발행할 필요가 있는 거예요?

사채를 발행하게 되면 투자자로부터 직접 자금을 조달하는 것이니까 그런 마진을 줄일 수 있어서 조달비용이 낮아지는 장점이 있지. 이제 간단한 사례를 들어서 설명할게.

예제 13-1

㈜서울은 20×1년 1월 1일 사채의 액면가액 1,000,000원, 액면이자율 8%, 만기 3년, 이자지급일이 매년 12월 31일인 사채를 발행하였다.

(1) 시장이자율이 8%인 경우 사채의 발행가액을 계산하시오.
(2) 시장이자율이 10%인 경우 사채의 발행가액을 계산하시오.
(3) 시장이자율이 6%인 경우 사채의 발행가액을 계산하시오.

 발행가액이 뭐예요?

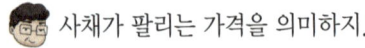 사채가 팔리는 가격을 의미하지.

 액면이자율은 뭐예요?

사채를 발행한 회사는 일정시기에 약정한 금액의 이자를 지급해야 하거든. 그 기준이 되는 이자율이지. 이 사채의 액면가액이 1,000,000원이고 액면이자율이 8%인데 이자 지급시기는 매년 1회, 기말이니까 매년 말 80,000원 (= 1,000,000 × 8%)씩 이자명목으로 현금을 지급하겠다는 뜻이지. 그래서 상기 사채의 현금흐름을 나타내면 다음과 같아.

```
      0            1            2            3
      |------------|------------|------------|
이자            80,000       80,000       80,000
원금                                    1,000,000
```

사채는 회사에 유입되는 현금이 얼마인지에 관계없이, 다시 말해서 발행가액이 얼마가 되었던 1, 2, 3년 말 상기의 현금만큼을 지급하겠다는 것을 약속한 증서인 거야.

그러면 회사에 돈이 1,000,000원이 들어온 거예요?

들어오는 돈은 시장이자율에 따라 달라. 회사에 유입될 현금은 사채의 현재가치만큼이거든. 따라서 사채의 발행가액은 회사에 유입될 총 현금의 현재가치여야 하지. 시장이자율이 8%라면 1,000,000원이 되지만 10%라면 950,263원, 6%라면 1,053,460원이 돼. 다음의 풀이를 참조해봐.

(풀이)

(1) 시장이자율 8%

- $(80{,}000/1.08) + (80{,}000/1.08^2) + (80{,}000/1.08^3) + (1{,}000{,}000/1.08^3)$

  $= 80{,}000(1/1.08 + 1/1.08^2 + 1/1.08^3) + 1{,}000{,}000/1.08^3$

  $= 1{,}000{,}000$

- 계산기조작 : 1.08 ÷ ÷ 1 = = = GT × 80,000 M+ 1.08 ÷ ÷ 1
  = = = × 1,000,000 M+ MR

(2) 시장이자율 10%

- $(80{,}000/1.1) + (80{,}000/1.1^2) + (80{,}000/1.1^3) + (1{,}000{,}000/1.1^3)$

  $= 80{,}000(1/1.1 + 1/1.1^2 + 1/1.1^3) + 1{,}000{,}000/1.1^3$

  $= 950{,}263$

- 계산기조작 : 1.1 ÷ ÷ 1 = = = GT × 80,000 M+ 1.1 ÷ ÷ 1 =
  = = × 1,000,000 M+ MR

(3) 시장이자율 6%

- $80{,}000/1.06 + 80{,}000/1.06^2 + 80{,}000/1.06^3 + 1{,}000{,}000/1.06^3$

  $= 80{,}000(1/1.06 + 1/1.06^2 + 1/1.06^3) + 1{,}000{,}000/1.06^3$

  $= 1{,}053{,}460$

- 계산기조작 : 1.06 ÷ ÷ 1 = = = GT × 80,000 M+ 1.06 ÷ ÷ 1
  = = = × 1,000,000 M+ MR

(1)은 발행가액이 액면가액과 동일하므로 액면발행이라고 하고, (2)는 발행가액이 액면가액에 미달하므로 할인발행이라고 해. (3)은 발행가액이 액면가액을 초과하므로 할증발행이라고 부르지. 결국 시장이자율이 액면이자율과 같으면 액면발행, 시장이자율이 액면이자율보다 높으면 할인발행, 시장이자율이 액면이자율보다 낮으면 할증발행이 되는 거지. 한 가지 더, 사채

발행비가 있는 경우에는 유효이자율이 시장이자율보다 높아져. 하지만 여기서는 사채발행비까지 고려하지 않기로 하자.

시장이자율이 액면이자율보다 높으면 할인발행되는 이유가 뭐예요?

시장이자율(10%)이 액면이자율(8%)보다 높다면 액면가액으로 발행될 경우에는 수익률이 8%밖에 안 되니까 투자자 입장에서는 다른 금융자산에 투자하는 것보다 불리하잖아. 그러니 아무도 해당 채권을 매입하지 않으려고 하겠지. 그러니 깎아줄 수밖에 없지.

그럼 얼마를 깎아줘야 해요?

49,737원만큼 깎아줘야 수익률이 10%가 돼. 따라서 사채의 발행회사는 약정한 이자를 매년 80,000원 지급하는 것 외에도 실제 유입된 원금은 950,263원인데도 불구하고 만기에 1,000,000원을 상환해야 해. 결국 그 차이[=49,737(= 1,000,000 − 950,263)]만큼도 이자비용이 되는 거야.

같은 방식으로 할증발행되는 이유도 설명할 수 있겠네요.

네가 한번 설명해볼래?

시장이자율이 액면이자율보다 낮다면 액면가액으로 발행될 경우에는 수익률이 8%나 되니까 다른 금융자산에 투자하는 것보다 유리해서 투자자들이 다투어 매입하려 할 것이고, 결국 액면가액보다 비싼 가격이 형성된다는 거네요.

그렇지!

그러면, 이자비용을 어떻게 잡으면 되나요? 일시에 잡으면 안 되고 3년에 나누어 인식해야 할 텐데….

나누어 잡는 것은 맞아. 그럼 어떤 방식으로 이자비용을 나누어 잡으면 좋을까?

단순하게 이자 총액을 3(년)으로 나누면 안 되겠죠?

안 되는 것은 알고 있네. 매년 이자율이 달라지는 문제점이 발생하니까. 일단 이자비용 인식을 위해서는 다음과 같은 표가 필요해. 보통 '상각표'라고 불러.

• 할인발행

구 분	장부금액 × 유효이자율 (10%)	액면가액 × 액면이자율 (8%)	차 이	장부금액
20×1.01.01.				①950,263
20×1.12.31.	95,026 (= ①950,263 × 10%)	80,000 (= 1,000,000 × 8%)	②15,026	③965,289 (=①+②)
20×2.12.31.	96,529 (= ③965,289 × 10%)	80,000 (= 1,000,000 × 8%)	④16,529	⑤981,818 (=③+④)
20×3.12.31.	98,182 (= ⑤981,818 × 10%)	80,000 (= 1,000,000 × 8%)	⑥18,182	1,000,000 (=⑤+⑥)

− 1년차 : 10% = 95,026/950,263
− 2년차 : 10% = 96,529/(950,263 + 15,026)
− 3년차 : 10% = 98,182/(950,263 + 15,026 + 16,529)

• 할증발행

구 분	장부금액 × 유효이자율 (6%)	액면가액 × 액면이자율 (8%)	차 이	장부금액
20×1.01.01.				①1,053,460
20×1.12.31.	63,208 (= ①1,053,460 × 6%)	80,000 (= 1,000,000 × 8%)	②-16,792	③1,036,668 (=①+②)
20×2.12.31.	62,200 (= ③1,036,668 × 6%)	80,000 (= 1,000,000 × 8%)	④-17,800	⑤1,018,868 (=③+④)
20×3.12.31.	61,132 (= ⑤1,018,868 × 6%)	80,000 (= 1,000,000 × 8%)	⑥-18,868	1,000,000 (=⑤+⑥)

– 1년차 : 6% = 63,208/1,053,460

– 2년차 : 6% = 62,200/(1,053,460 – 16,792)

– 3년차 : 6% = 61,132/(1,053,460 – 16,792 – 17,800)

 위에 표를 보니까 매년 이자율이 일정하게 나타나는 것을 확인할 수 있지?
발행 유형별 회사의 총 이자비용은 다음과 같아.

발행유형	액면이자	액면가액 – 발행가액	실질총이자비용
액면발행	80,000 × 3년 = 240,000	0	240,000
할인발행	80,000 × 3년 = 240,000	1,000,000 – 950,263 = 49,737	289,737
할증발행	80,000 × 3년 = 240,000	1,000,000 – 1,053,460 = –53,460	186,540

 이제 회계처리를 한번 해볼까? 가장 쉬운 액면발행부터 해보자.

• 액면발행시점

20×1.01.01.	(차) 현 금	1,000,000	(대) 사 채	1,000,000

• 이자지급시점

20×1.12.31.	(차) 이자비용	80,000	(대) 현 금	80,000
20×2.12.31.	(차) 이자비용	80,000	(대) 현 금	80,000
20×3.12.31.	(차) 이자비용	80,000	(대) 현 금	80,000

• 원금상환시점

20×3.12.31.	(차) 사 채	1,000,000	(대) 현 금	1,000,000

 액면발행은 알겠는데 할인발행은 모르겠어요.

 이자비용은 상각표에서 가져오면 되니까 걱정할 것 없어. 지급한 현금과의 차이만큼 사채의 장부금액을 증가시켜 주기만 하면 돼.

• 할인발행시점

20×1.01.01.	(차) 현 금	950,263	(대) 사 채	950,263

• 이자지급시점

20×1.12.31.	(차) 이자비용	95,026	(대) 현 금	80,000
			사 채	15,026
20×2.12.31.	(차) 이자비용	96,529	(대) 현 금	80,000
			사 채	16,529
20×3.12.31.	(차) 이자비용	98,182	(대) 현 금	80,000
			사 채	18,182

• 원금상환시점

20×3.12.31.	(차) 사 채	1,000,000	(대) 현 금	1,000,000

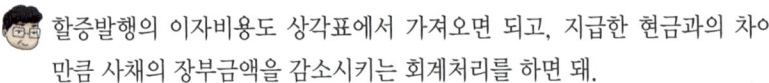 할증발행의 이자비용도 상각표에서 가져오면 되고, 지급한 현금과의 차이
만큼 사채의 장부금액을 감소시키는 회계처리를 하면 돼.

• 할증발행시점

20×1.01.01.	(차) 현 금	1,053,460	(대) 사 채	1,053,460

• 이자지급시점

20×1.12.31.	(차) 이자비용	63,208	(대) 현 금	80,000
	사 채	16,792		
20×2.12.31.	(차) 이자비용	62,200	(대) 현 금	80,000
	사 채	17,800		
20×3.12.31.	(차) 이자비용	61,132	(대) 현 금	80,000
	사 채	18,868		

• 원금상환시점

20×3.12.31.   (차) 사 채   1,000,000   (대) 현 금   1,000,000

 할인발행이건 할증발행이건 만기에는 결국 장부금액이 액면가액이 되네요.

 맞아. 그런데 회계처리에서 볼 수 있듯이 사채의 액면가액을 정보이용자가 알 수가 없다는 단점이 있어.

 아!

 그래서 사채를 액면가액으로 표시하는 방식의 회계처리를 고쳐볼 수 있지. 사채를 액면가액으로 표시하고, 사채의 액면가액과 장부금액과의 차이를 '사채할인발행차금'으로 회계처리하는 거야.

 사채할인발행차금은 자산인가요?

 얼핏 그렇게 보이지만 부채의 차감계정이야. 사채할인발행차금 계정을 쓰게 되면 이제 이자 지급시점에도 사채의 장부금액을 증가시키는 것이 아니라 사채할인발행차금을 제거하는 회계처리를 하면 돼.

• 할인발행시점

| 20×1.01.01. | (차) 현 금 | 950,263 | (대) 사 채 | 1,000,000 |
| | 사채할인발행차금 | 49,737 | | |

• 이자지급시점

20×1.12.31.	(차) 이자비용	95,026	(대) 현 금	80,000
			사채할인발행차금	15,026
20×2.12.31.	(차) 이자비용	96,529	(대) 현 금	80,000
			사채할인발행차금	16,529
20×3.12.31.	(차) 이자비용	98,182	(대) 현 금	80,000
			사채할인발행차금	18,182

• 원금상환시점

| 20×3.12.31. | (차) 사 채 | 1,000,000 | (대) 현 금 | 1,000,000 |

할증발행의 경우도 사채의 액면가액을 나타내는 방식의 회계처리를 할 수 있지. 이때 사채의 장부금액과 액면가액의 차이는 '사채할증발행차금'이라고 불러.

• 할증발행시점

| 20×1.01.01. | (차) 현 금 | 1,053,460 | (대) 사 채 | 1,000,000 |
| | | | 사채할증발행차금 | 53,460 |

- 이자지급시점

20×1.12.31.	(차) 이자비용	63,208	(대) 현 금	80,000
	사채할증발행차금	16,792		
20×2.12.31.	(차) 이자비용	62,200	(대) 현 금	80,000
	사채할증발행차금	17,800		
20×3.12.31.	(차) 이자비용	61,132	(대) 현 금	80,000
	사채할증발행차금	18,868		

- 원금상환시점

| 20×3.12.31. | (차) 사 채 | 1,000,000 | (대) 현 금 | 1,000,000 |

 그런데 사채가 만기에 상환되면 간단한데, 중도에 상환이 되면 상환이익이나 상환손실이 발생해. 주식의 가격이 실시간 변하듯 채권의 가격도 이자율 변동에 따라 실시간 변하기 때문이지. 그런데 이자비용은 최초발행시점의 시장이자율로 인식하고 있거든. 결국 중도상환시점의 시장이자율과 차이가 날 수밖에 없지.

이자율 차이가 있다고 상환이익이나 상환손실이 발생해요?

좀 전에 설명한 것처럼 이자율과 채권의 가격은 반비례 관계니까. 사채의 발행시점과 중도상환시점의 이자율에 차이가 있다면 사채의 장부금액과 상환가액이 불일치할 수밖에 없지.

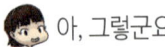 아, 그렇군요.

그런데 최초 발행 시보다 이자율이 상승하면 사채상환이익이 발생할까, 사채상환손실이 발생할까?

글쎄요.

최초 발행 시보다 이자율이 상승하면 상환해야 할 채무의 현재가치가 감소하게 되므로 사채상환이익이 발생해. 반면 최초 발행 시보다 이자율이 하락하면 상환해야 할 채무의 현재가치가 증가하게 되므로 사채상환손실이 발생하게 되지.

너무 어려운데요.

이렇게 생각해보자. 최초 자금조달시점보다 금리가 오르면 사채의 발행자 입장에서 기분이 어떨까?

이자가 쌀 때 돈을 잘 빌린 거니까 기분이 좋겠죠?

그래서 이익인 거야, 하하. 반대로 최초 사채 발행시점보다 금리가 하락하면 이자가 비쌀 때 돈을 빌린 거니까 손해인 거지.

오늘도 너무 많이 배워서 머리가 터질 것 같네요.

그래그래, 오늘도 애썼다.

요약하기!

- 명목가치와 현재가치의 차이가 중요한 경우에는 현재가치로 기록한다.
- 채권자 입장에서 명목가치와 현재가치의 차이는 이자수익이며, 유효이자율법을 적용하여 수익을 인식한다.
- 사채 : 주식회사가 다수의 일반투자자로부터 거액의 장기자금을 조달하기 위해서 발행하는 채권(債券)

- 사채 발행시점 시장이자율 ＝ 액면이자율 : 액면발행
  시장이자율 ＞ 액면이자율 : 할인발행
  시장이자율 ＜ 액면이자율 : 할증발행

- 사채할인발행 시 이자비용 ＝ 액면이자 ＋ 액면가액과 발행가액만큼의 차액
- 사채할증발행 시에는 액면가액과 발행가액의 차이를 이자비용에서 차감시켜야 한다.
- 사채의 조기상환 시 상환손익이 발생한다.

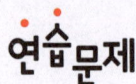

01. ㈜서울은 20×1년 1월 1일 장부금액 300,000원의 토지를 매각하면서 20 ×3년 12월 31일에 500,000원을 수령하기로 하였다. 20×1년 1월 1일 시장이자율이 10%라고 할 때 ㈜서울이 20×1년에 인식할 유형자산처분이 익은 얼마인가? 단, 회사의 결산일은 매년 말이고, 10%, 3기간 현재가치계 수는 0.75131이다.

① 65,655원   ② 75,655원

③ 85,655원   ④ 115,655원

⑤ 200,000원

답 ②
- 3년 후 500,000원의 현재가치 = 500,000/1.1^3 ≒ 500,000×0.75131 = 375,655

- (차) 매출채권   375,655   (대) 토 지   300,000
                                          유형자산처분이익   75,655

02. ㈜서울은 20×1년 1월 1일 장부금액 300,000원의 토지를 매각하면서 20×3년 12월 31일에 500,000원을 수령하기로 하였다. 20×1년 1월 1일 시장이자율이 10%라고 할 때 ㈜서울이 20×2년에 인식할 포괄손익계산서상 이자수익은 얼마인가? 단, 회사의 결산일은 매년 말이고, 10%, 3기간 현재가치계수는 0.75131이다.

① 37,566원   ② 40,383원

③ 41,322원   ④ 45,457원

⑤ 124,345원

답 ③

구 분	장부금액 × 유효이자율 (10%)	액면가액 × 액면이자율 (0%)	차 이	장부금액
20×1.01.01.				①375,657
20×1.12.31.	37,566 (= ①375,657 × 10%)		②37,566	③413,223 (=①+②)
20×2.12.31.	41,322 (= ③413,223 × 10%)		④41,322	⑤454,545 (=③+④)
20×3.12.31.	45,455 (= ⑤454,545 × 10%)		⑥45,455	⑦500,000 (=⑤+⑥)

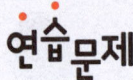

03. ㈜서울은 20×1년 1월 1일 장부금액 300,000원의 토지를 매각하면서 20×3년 12월 31일까지 매년 말에 200,000원씩을 수령하기로 하였다. 20×1년 1월 1일 시장이자율이 10%라고 할 때 ㈜서울이 20×1년에 인식할 유형자산처분이익은 얼마인가? 단, 회사의 결산일은 매년 말이고, 1기간부터 3기간까지의 10% 현재가치계수는 각각 0.90909, 0.82645, 0.75131이다.

① 100,000원   ② 134,711원

③ 102,630원   ④ 197,370원

⑤ 300,000원

답 ④

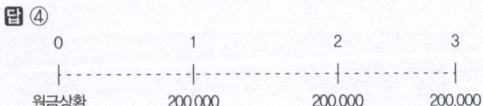

- 매출채권 = (200,000/1.1) + (200,000/1.1^2) + (200,000/1.1^3)
  = 200,000 × (1/1.1 + 1/1.1^2 + 1/1.1^3)
  = 497,370

- (차) 매출채권   497,370   (대) 토 지   300,000
                                      유형자산처분이익   197,370

04. ㈜서울은 20×1년 1월 1일 장부금액 300,000원의 토지를 매각하면서 20×3년 12월 31일까지 매년 말에 200,000원씩을 수령하기로 하였다. 20×1년 1월 1일 시장이자율이 10%라고 할 때 ㈜서울이 20×2년에 인식할 포괄손익계산서상 인식할 이자수익은 얼마인가? 단, 회사의 결산일은 매년 말이고, 1기간부터 3기간까지의 10% 현재가치계수는 각각 0.90909, 0.82645, 0.75131이다.

① 18,182원　　　　　　　② 34,711원
③ 38,467원　　　　　　　④ 49,737원
⑤ 102,630원

답 ②

구 분	장부금액 × 유효이자율 (10%)	액면이자	차 이	장부금액
20×1.01.01.				①497,370
20×1.12.31.	49,737 (= ①497,370 ×10%)	200,000	②-150,263	③347,107 (=①+②)
20×2.12.31.	34,711 (= ③347,107 ×10%)	200,000	④-165,289	⑤181,818 (=③+④)
20×3.12.31.	18,182 (= ⑤181,818 ×10%)	200,000	⑥-181,818	⑦0 (=⑤+⑥)

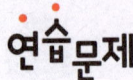

05. 사채의 발행 시 발행가액과 액면가액의 차이인 사채할인발행차금에 대한 설명으로 옳은 것은?

① 사채할인발행차금은 유효이자율법으로 상각할 경우 할인차금을 초기에 과도하게 상각하는 문제가 있다.

② 사채할인발행차금을 정액법으로 상각하는 것은 이론상 우수하다.

③ 사채할인발행차금 상각액은 사채의 차감으로 기록하여야 한다.

④ 사채할인발행차금은 사채의 액면이자율이 시장이자율보다 낮을 때 발생하는 것으로 선급이자의 성격이다.

🔖 ④

① 사채할인발행차금은 유효이자율법으로 상각할 경우 할인차금상각액은 초기에 적게 설정되고 갈수록 증가하게 된다.

② 사채할인발행차금은 유효이자율법으로 상각하는 것이 이론상 우수하다(매기간 일정한 이자율을 유지하므로).

③ 사채할인발행차금 상각액은 사채할인발행차금에서 차감하는 것으로서 이자비용에 가산한다.

06. ㈜서울은 20×1년 1월 1일 4년 만기의 액면가액 100,000원인 사채를 액면이자율 10%로 발행하였다. 이자를 매 연도 말에 지급하고 발행일의 유효이자율은 8%이다. 20×1년 1월 1일 이 사채의 발행가액을 구하시오.

이자율	₩1의 현재가치(4년)	연금 ₩1의 현재가치(4년)
8%	0.7350	3.3121
10%	0.6830	3.1699

보기

① 106,621원   ② 105,199원
③ 101,421원   ④ 100,000원

답 ①

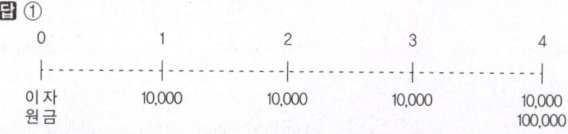

- $(10,000/1.08) + (10,000/1.08^2) + (10,000/1.08^3) + (10,000/1.08^4) + (100,000/1.08^4)$
  $= 10,000 \times (1/1.08 + 1/1.08^2 + 1/1.08^3 + 1/1.08^4) + (100,000 \times 1/1.08^4)$
  ≒ (문제에 제시된 현가계수 사용) $(10,000 \times 3.3121) + (100,000 \times 0.7350)$
  $= 106,621$

연습문제

07. ㈜남강은 20×2년 초 사채를 발행하였다. 발행일의 분개로 맞는 것은?

> **보기**
> • 액 면 금 액 : 1,000,000원
> • 이자지급일 : 매년 말일
> • 발 행 가 액 : 980,000원
> • 액면이자율 : 9%
> • 20×4.12.31. 일시상환

① (차) 현 금   980,000   (대) 사 채   1,000,000
     사채할인발행차금 20,000
② (차) 현 금   1,000,000   (대) 사 채   980,000
                               사채할인발행차금 20,000
③ (차) 현 금   980,000   (대) 사 채   1,000,000
     사채할증발행차금 20,000
④ (차) 현 금   1,000,000   (대) 사 채   1,000,000

답 ①
• (차) 현 금   980,000 (대) 사 채   980,000
• 사채의 액면가액을 나타내면
  (차) 현 금   980,000 (대) 사 채   1,000,000
     사채할인발행차금 20,000

08. 다음에서 20×1년도 사채할인발행차금 상각액은?

> **보기**
>
> (1) 20×1년 1월 1일, 액면 20,000,000원을 18,984,952원에 현금발행
>
> > • 만   기 : 20×6.12.31.
> > • 액면이자율 : 4%
> > • 유효이자율 : 5%
> > • 이자지급일 : 12.31.
> > • 결 산 일 : 12.31.
>
> (2) 20×1년 12월 31일, 이자를 현금지급하고 사채할인발행차금을 상각함

① 249,248　　　　　　　② 209,248

③ 169,248　　　　　　　④ 149,248

답 ④

구 분	장부금액 × 유효이자율 (5%)	액면가액 × 액면이자율 (4%)	차 이	장부금액
20×1.01.01.				①18,984,952
20×1.12.31.	949,248 (= ①18,984,952 × 5%)	800,000 (= 20,000,000 × 4%)	②149,248	③19,134,200 (= ①+②)

*참고 : 발행가액은 굳이 문제에서 제시하지 않아도 풀이할 수 있다.

• $(800{,}000/1.05) + (800{,}000/1.05^2) + (\cdots) + (800{,}000/1.05^6) + (20{,}000{,}000/1.05^6)$
　= 18,984,861(문제에서 제시된 값과 단수차이)
• 계산기조작 :
　1.05 ÷ ÷ 1 = = = = = = = GT × 800,000 M+ 1.05 ÷ ÷ 1
　= = = = = = = × 20,000,000 M+ MR

연습문제

09. ㈜남강은 20×1년 1월 1일 1,000,000원의 사채를 975,000원에 할인발행하였다. 그 후 이 사채와 관련된 분개의 내역은 아래와 같다. 만약 이 사채 전액을 20×1년 12월 31일 900,000원에 상환했다면 사채상환이익(또는 손실)은?

> **보기**
>
> - 20×1.01.01. (차) 현 금   975,000   (대) 사 채   1,000,000
>   사채할인발행차금   25,000
> - 20×1.12.31. (차) 이자비용   107,000   (대) 현 금   100,000
>   사채할인발행차금   7,000

① 82,000원(손실)   ② 75,000원(이익)

③ 75,000원(손실)   ④ 82,000원(이익)

답 ④
- 20×1.01.01. 장부금액 975,000원(= 1,000,000 − 25,000)
- 20×1.12.31. 장부금액 7,000원만큼 증가
                 (사채할인발행차금의 감소 = 사채의 장부금액 증가)
- 20×1.12.31. 사채의 장부금액 : 975,000 + 7,000 = 982,000
- 사채의 상환가액 : 900,000
∴ 사채상환이익 = 982,000 − 900,000 = 82,000

10. 일시상환사채의 경우 사채발행차금을 유효이자율법을 적용하여 상각 또는 환입할 때 사채발행차금상각액이 할인발행 또는 할증발행 각각 매년 어떻게 달라지는가?

① 감소 / 감소　　　　　　　　② 감소 / 증가

③ 증가 / 증가　　　　　　　　④ 증가 / 감소

답 ③
- 매우 주의해야 하는 사항이다.
- 할인발행 시의 상각액과 할증발행시의 환입액은 기간경과에 따라 모두 증가
- 할증발행 시 상각표(306쪽)의 수치를 보면 '−16,792 → −17,800 → −18,868'로 감소하고 있지만 사채할인발행 시의 상각액이나 사채할증발행 시의 환입액은 절댓값 개념이므로 양자 모두 기간경과에 따라 증가하게 된다.

11. 다음은 20×5년 초에 사채를 상환하기 직전의 사채 관련 자료이다. 사채 상환시점에 인식할 사채상환손익은 얼마인가?

> 보기
> - 액면가액 : 10,000,000원　　　• 사채할인발행차금 : 1,000,000원
> - 상환가액 : 7,000,000원　　　　• 액면이자율 : 10%

① 사채상환이익 2,000,000원　　　② 사채상환손실 2,000,000원

③ 사채상환이익 3,000,000원　　　④ 사채상환손실 3,000,000원

답 ①
- 사채의 장부금액 = 10,000,000 − 1,000,000 = 9,000,000
- 사채의 상환가액 = 7,000,000
- 사채상환이익 = 9,000,000 − 7,000,000 = 2,000,000

무조건 외상을 주면 안 돼요

― 금융자산 : 현금, 매출채권과 대손충당금

Section 01

현금및현금성자산

 지난 시간에 금융자산에는 다음의 세 가지 종류가 있다고 했어. 기억나니?

① 현 금
② 다른 기업의 지분상품(주식, 우선주 등)
③ 거래상대방에게서 현금 등 금융자산을 수취할 계약상 권리(매출채권)

 이번 시간에는 금융자산 중에서 가장 익숙한 현금과 매출채권부터 공부해보자. 먼저 첫 번째 주제는 현금이야. 현금의 범위는 어떻게 될까?

 현금이 현금이지 뭐예요? 50,000원권, 10,000원권을 말하시는 거예요?

틀린 말은 아니네. 하지만 회계상 현금은 통화(지폐와 주화)뿐만 아니라 통화대용증권, 요구불예금도 포함하는 넓은 개념이야.

통화대용증권이 뭐예요?

타인발행수표, 우편환, 송금환, 이자표(利子表), 배당금통지표 등을 말해. 타인발행수표에는 은행이 발행한 자기앞수표는 물론 회사가 발행한 당좌수표도 현금에 포함되지.

회사가 발행한 수표도 현금이라고요?

그래, 타인발행수표는 수표를 은행에 지급 제시하게 되면 현금이 지급되므로 통화로 볼 수 있지. 물론 드물게 부도처리될 수도 있겠지만 말이다.

이자표는요?

이자표란 사채에서 약정한 이자지급일에 지급되는 이자를 증서화한 거야. 현재는 실물이 없지만 과거에는 통상 사채 실물에서 해당 이자표를 잘라서 은행에 입금시키는 방법(어음의 추심과 동일한 방법)으로 회수했거든. 그러니 이자표도 통화로 볼 수 있는 것이지.

타인발행수표에는 당좌수표도 포함되는 거죠?

그렇지. 그런데 타인발행수표와 관련해서 주의할 점이 하나 있어. 당좌수표에 미래의 특정 날짜를 찍어놓고 해당 거래처에 그 날짜에 지급제시하도록 요구하는 경우가 있는데, 수령한 회사 입장에서는 매출채권이 되지. 이러한 수표를 선일자(先日字)수표라고 한단다.

당해 수표를 지정한 날짜 전에 은행에 지급제시를 할 수도 있지 않아요?

 하하, 그럴 수도 있지만 그러면 안 되지 않겠니? 그래서 채권자와 채무자 간에 신뢰관계가 높은 경우에 발행되겠지. 이런 신뢰관계를 어기고 지정한 날짜 이전에 수표가 지급제시가 되는 경우에는 은행이 수표의 발행자에게 지급해도 되는지 연락을 하고 당사자들의 합의에 따르고 있어.

 그러면 그냥 어음거래를 하면 되지. 굳이 수표를 이용하는 이유가 뭐예요?

 수표를 부도내면 '부정수표단속법'에 의한 형사처벌을 받을 수 있거든. 그러니 어음에 비해 채무자가 상환할 가능성이 더 크다고 생각하지.

 요구불예금은 뭐예요?

 입출금이 자유로운 예금으로서 보통예금과 당좌예금이 대표적이지. 예금자가 큰 비용 없이 언제든 인출할 수 있는 예금이야. 이제 현금성자산의 정의를 알아보자.

구 분		내 용
현 금	타인발행수표	자기앞수표 + 당좌수표
	이자표	사채에서 약정한 이자지급일에 지급되는 이자를 증서화한 것
	요구불예금	입출금이 자유로운 예금(보통예금 + 당좌예금)
현금성자산		• 큰 거래비용 없이 현금으로 전환이 용이하고 이자율의 변동에 따른 가치 변동의 위험이 중요하지 않은 금융상품 • 취득 당시 만기가 3개월 이내인 채무상품, 양도성예금증서, 환매채 등

 현금이랑 현금성자산은 다른 거군요.

응, 그렇지. '현금성자산'이란 큰 거래비용 없이 현금으로 전환이 용이하고 이자율의 변동에 따른 가치 변동의 위험이 중요하지 않은 금융상품이야. 취득 당시 만기가 3개월 이내에 도래하는 채무상품이나 양도성예금증서, 환매채 등이지.

양도성예금증서나 환매채는요?

네 수준에서는 은행에서 취급하는 예금의 한 종류라고 이해해도 돼. 그럼 이쯤에서 문제 하나 내볼까? 예를 들어 20×2년 11월 1일 회사(결산일 12월 말)가 1,000,000원 양도성예금증서에 가입했고, 만기는 20×3년 2월 28일 이라고 하자. 그러면 현금성자산에 포함될까?

결산일로부터 만기가 2개월 남았으니 현금성자산 아니에요?

기준이 취득일이라고 했는데? 결산일을 기준으로 착각하면 안 돼.

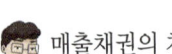

매출채권과 대손충당금

 매출채권의 차감계정인 대손충당금은 들어봤니?

아니요, 그게 뭐예요?

사업을 하다 보면 외상대금을 회수하지 못하고 떼이는 경우가 종종 발생하는데, 이때 떼일 것으로 추정되는 금액을 대손충당금이라고 해. '기대신용손실의 추정액'을 의미하지.

기대손실을 어떻게 추정해요?

실무적으로 가장 흔히 쓰는 방법은 충당금설정률표를 이용하는 거야. 예컨대 1달 이상 연체하면 1%, 3달 이상 연체하면 20%, 1년 이상 연체하면 채권액의 100%를 손실로 예상하는 것이지.

그런데 빚을 졌으면 갚아야지 그렇게 떼먹는단 말이에요?

솔직히 말해서 회계사무실을 운영하다 보면 나도 종종 떼이는 경우가 있어.

나쁜 사람들이네!

흥분하지 말고, 회계처리를 알아보자고.

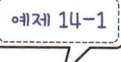

㈜서울의 20×1년 초 부분 재무상태표는 다음과 같다.

부분 재무상태표
20×1.01.01.

매출채권	1,000,000	
대손충당금	(50,000)	950,000

〈20×1년 중 거래〉
- 3월 31일, 매출채권 중 150,000원이 대손확정되었다.
- 7월 20일, 매출채권 중 100,000원이 대손확정되었다.
- 10월 20일, 금기 3월 31일 대손처리했던 매출채권 중 70,000원이 현금회수되었다.
- 11월 20일, 전기 이전에 대손처리했던 매출채권 중 50,000원이 현금회수되었다.
- 12월 30일, 매출채권 중 40,000원이 대손확정되었다.
- 12월 31일, 매출채권 잔액은 1,200,000원이며 이 중에서 미래에 현금회수할 것으로 추정된 금액은 1,000,000원이다.

〈요구사항〉
(1) 회사가 해야 할 일자별 회계처리를 하시오.
(2) 회사의 20×1년 말 부분 재무상태표를 작성하시오.
(3) 20×1년도 포괄손익계산서에 인식되는 대손상각비 금액을 계산하시오.

 기초 재무상태표가 무엇을 뜻하는지 모르겠어요.

 회사가 가진 매출채권이 1,000,000원인데 이 중 50,000원은 떼일 것으로 추정되어 결국 회수가능한 금액은 950,000원이라는 의미야. 대손충당금은 매출채권의 차감계정이지. 감가상각누계액이 유형자산의 차감계정인 것과 같은 논리야.

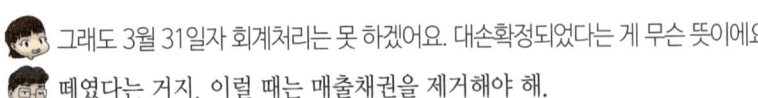

그래도 3월 31일자 회계처리는 못 하겠어요. 대손확정되었다는 게 무슨 뜻이에요?

떼였다는 거지. 이럴 때는 매출채권을 제거해야 해.

대변에 매출채권이 오겠네요. 그런데 차변에는 뭐가 와야 해요?

좀 어렵지? 대손충당금이 와야 해.

그런데 대손충당금이 50,000원밖에 없는걸요.

모자란 만큼은 대손상각비로 비용처리하면 돼.

20×1.03.31.	(차) 대손충당금	50,000	(대) 매출채권	150,000
	대손상각비	100,000		

7월 20일자 회계처리도 해볼래?

차변에는 대손충당금이 와야 할 텐데, 앞의 문제에서 대손충당금을 다 썼잖아요. 잔액이 '0' 아니에요?

맞아. 어떻게 해야 할까?

전액 다 대손상각비로 비용처리해요.

20×1.07.20.	(차) 대손상각비	100,000	(대) 매출채권	100,000

10월 20일 회계처리도 해보자. 먼저 어떤 자산이 증가했는지 다시 한번 생

각해보고.

아! 현금이 증가했어요.

그렇지. 차변에 매출채권을 계상해봐야 현금회수된 만큼 대변으로 제거해
야 하니 매출채권을 회계처리에 나타낼 필요는 없어.

그럼 대변은요?

기업회계기준에서는 대손처리한 매출채권을 기중에 회수하게 되면 대손충당
금의 증가로 회계처리하도록 규정하고 있어. 따라서 대변은 대손충당금이야.

| 20×1.10.20. | (차) ~~매출채권~~ | ~~70,000~~ | (대) 대손충당금 | 70,000 |
| | 현 금 | 70,000 | ~~매출채권~~ | ~~70,000~~ |

⬇

| 20×1.10.20. | (차) 현 금 | 70,000 | (대) 대손충당금 | 70,000 |

아, 11월 20일은 10월 20일과 대손처리한 매출채권을 현금 회수한 것은 마찬
가진데, 과거 대손처리를 했던 시점만 다르네요. 과거 대손처리 시점에 따라 회
계처리가 달라지나요?

과거에는 대손처리시점에 따라 회계처리 방식이 달랐어. 하지만 지금은 동
일해.

| 20×1.11.20. | (차) 현 금 | 50,000 | (대) 대손충당금 | 50,000 |

12월 30일은 대변은 매출채권이고 차변은 대손상각비로 쓰나요?

10월 20일과 11월 20일 거래를 통해서 대손충당금이 생겼는걸.

 아, 그렇구나. 대손충당금이 120,000원(= 70,000 + 50,000) 생겼고, 매출채권이 40,000원이니까 차변은 모두 대손충당금이 되겠네요.

20×1.12.30.　　(차) 대손충당금　　　　　40,000　　(대) 매출채권　　　　　40,000

 자, 이제 이 문제의 핵심인 12월 31일자 회계처리를 알아보자. 이건 아빠가 바로 풀어줄게. 그런데 이 문제를 풀기 전에 대손충당금을 T계정에 전기해야 해. 12월 31일 분개를 수행하기 직전 대손충당금 잔액이 80,000원인 것은 알겠지?

대손충당금

03/31	50,000	기 초	50,000
12/30	40,000	10/20	70,000
기 말	80,000 plug	11/20	50,000
	170,000		170,000

그럼 이쯤에서 회사가 계상해야 할 대손충당금 기말잔액을 계산해볼까?

 음….

자, 기말 매출채권이 1,200,000원인데 1,000,000원만 회수가능하다고 추정했으니까 대손충당금은 200,000원이야. 그런데 현재 80,000원이 있으니까 120,000원만 더 있으면 되겠지. 이것을 회계처리하면 다음과 같아.

20×1.12.31.　　(차) 대손상각비　　　　120,000　　(대) 대손충당금　　　　120,000

 12월 31일자 분개까지 전기하고 재무상태표도 살펴보자.

대손충당금

03/31	50,000	기 초	50,000
12/30	40,000	10/20	70,000
		11/20	50,000
기 말	200,000	12/31	120,000
	290,000		290,000

부분 재무상태표

매출채권	1,200,000	
대손충당금	(200,000)	1,000,000

다음은 손익계산서에 인식되는 대손상각비 금액을 계산해본 결과야. 손익계산서에 기록될 비용은 대손상각비만큼이 되겠지. 한국채택국제회계기준에서는 대손상각비 대신 '손상차손', 대손충당금 대신 '손상차손누계액'을 쓰는데, 결국은 같은 의미야.

대손상각비

03/31	100,000	
07/20	100,000	
12/31	120,000	
	320,000	

 이제 이해가 되네요. 그런데 열심히 일하고도 외상대금을 받지 못하면 너무 속상하겠어요.

 물론이지. 그래서 외상거래를 하기 위해서는 거래상대방에 대한 신용조사가 선행되어야 해. 빚 안 갚는 사람이 훨씬 나쁘지만 신용조사를 게을리한 채권자도 책임이 없다고 할 수는 없어.

요약하기!

- 현금성자산
  - 큰 거래비용 없이 현금으로 전환이 용이하고 이자율의 변동에 따른 가치 변동의 위험이 중요하지 않은 금융상품
  - 취득 당시 만기가 3개월 이내에 도래하는 채무상품이나 금융상품
- 매출채권에 대한 대손이 확정되면 대손충당금과 상계하여 매출채권을 제거한다.
- 대손충당금이 부족할 경우 대손상각비를 계상한다.
- 매출채권의 회수가능성을 고려하여 기대신용손실을 추적하여 손실충당금(대손충당금)으로 인식한다.
- 대손처리한 채권을 회수할 경우 대손의 발생기간에 관계없이 대손충당금의 증가로 회계처리한다.

연습문제

01. 대손충당금 과소설정이 재무제표에 미치는 영향으로 옳은 것은?

① 자산의 과소계상   ② 부채의 과소계상

③ 부채의 과대계상   ④ 당기순이익의 과대계상

답 ④

대손충당금 과소설정 → 대손상각비 과소계상 → 당기순이익 과대계상 → 매출채권 과대계상 → 자산 과대계상

02. 전기에 대손처리했던 ㈜파산의 외상매출금 300,000원을 현금으로 회수하였다. 다만, 대손처리 시 대손충당금 잔액이 180,000원일 때 옳은 분개는?

① (차) 현 금	300,000	(대) 잡이익	300,000	
② (차) 현 금	300,000	(대) 대손충당금	300,000	
③ (차) 현 금	300,000	(대) 대손상각비	300,000	
④ (차) 현 금	300,000	(대) 대손충당금	180,000	
		대손상각비	120,000	

답 ②

전기에 대손처리했던 외상매출금이 회수되었다면 대손충당금 잔액과 상관없이 전액을 대손충당금으로 처리한다.

03. ㈜서울의 매출채권과 대손충당금은 다음과 같다. 회사의 손익계산서상 매출액과 대손상각비가 각각 20,000,000원과 160,000원일 때 20×5년 중 매출채권 회수액은 얼마인가? 단, 회사의 매출은 전액 외상매출이다.

보기				
부분 재무상태표				
구 분	20×4년 12월 31일		20×5년 12월 31일	
매출채권	5,000,000		6,000,000	
대손충당금	(300,000)	4,700,000	(400,000)	5,600,000

① 18,000,000원 　　　　② 18,400,000원

③ 18,800,000원 　　　　④ 18,940,000원

⑤ 19,000,000원

답 ④

매출채권			
기 초	5,000,000	대손처리	60,000*
발 생	20,000,000	회 수	18,940,000 plug
		기 말	6,000,000

*대손충당금 계정에서 먼저 계산

대손충당금			
대손처리	60,000 plug	기 초	300,000
기 말	400,000	설 정	160,000

chapter
15

15일차
목적이 닭이야, 달걀이야?

— 금융자산 : 지분상품과 채무상품

Section 01

금융자산의 분류

 금융자산은 현금및현금성자산과 매출채권 외에도 지분상품과 채무상품이라는 것도 있어.

 지분상품, 채무상품이 뭐예요?

 회사가 투자한 주식을 지분상품, 회사가 발행한 채권을 채무상품으로 이해하면 돼.

 그렇군요.

 한국채택국제회계기준에서는 금융자산을 보유목적에 따라 ① 상각후원가측정금융자산, ② 기타포괄손익−공정가치측정금융자산, ③ 당기손익−공정가치측정금융자산으로 구분하고 있어. 이런 금융자산의 분류는 (a) 사업모형과 (b) 계약상 현금흐름의 특성에 근거하지.

무슨 말인지 하나도 모르겠어요. 게다가 계정명도 무지 길고요.

그래서 앞으로는 '당기손익-공정가치측정금융자산'을 '당기손익금융자산', '기타포괄손익-공정가치측정금융자산'을 '기타포괄금융자산'으로 부르도록 하자.

그런데 계약상 현금흐름의 특성이 뭐예요?

좀 어렵지? 먼저 '(b) 계약상 현금흐름의 특성'이라는 용어부터 설명할게. 채권과 같은 채무상품은 원금과 이자를 특정한 날짜에 수취하게 되니까 계약상 현금흐름의 특성을 갖지만, 주식과 같은 지분상품은 계약상 현금흐름의 특성을 갖지 않아. 이처럼 계약조건에 따라 원금과 이자지급만의 현금흐름이 특정일에 생기는 특성을 '계약상 현금흐름의 특성'이라고 해.

그럼 사업모형이란 건요?

예를 들어 이자를 받기 위해서 자산을 매입했다면 '계약상 현금흐름을 수취'하기 위한 목적이고, 이자수취에 관계없이 자산의 상승을 기대하고 샀다면 '자산의 매도'를 통해 차익을 실현하기 위한 목적에 해당해. 엄밀하게 말하면 전자를 투자, 후자를 투기라고 할 수 있지.

투자가 긍정적 의미라면 투기는 부정적 의미 아니에요?

그렇기는 하지만 양자를 구분하기는 사실상 어려워. 부동산에 대한 투자를 언론에서는 종종 '부동산투기'라고 하지만 부동산중개업소에 가면 '부동산투자'라고 하거든. 증권회사에서 주식투자라고 하지 주식투기라고 하는 거 봤어?

 음, 투자와 투기를 명확하게 설명해줄 수 있어요?

굳이 비유하자면 달걀만 낳는 (사료는 먹지 않고 살코기도 없는) 가상의 닭이 있다고 하자. 달걀을 얻기 위해 닭을 샀다면 '계약상 현금흐름을 수취'하기 위한 목적이고 닭 값의 상승을 기대하고 샀다면 '자산의 매도'를 통해 차익을 실현하기 위한 목적에 해당하겠지.

 조금 알 듯도 해요.

어쨌든 사업모형은 다음의 세 가지로 구분돼.

(a) 계약상 현금흐름을 수취하기 위해 금융자산을 보유하는 것이 목적인 사업모형
(b) 계약상 현금흐름의 수취와 금융자산의 매도 모두를 통해 목적을 이루는 사업모형
(c) 기타의 사업모형 **예** 금융자산의 매도를 통한 현금흐름 실현이 목적인 사업모형

(a)는 상각후원가측정금융자산, (b)는 기타포괄금융자산, (c)는 당기손익금융자산으로 분류해. 결국 지분상품은 '계약상 현금흐름의 수취'목적이 없으니까 항상 (c)에 해당하지.

그러면 주식은 항상 (c)에 해당하겠군요.

 그래야 하는데 예외가 있어. 기업이 단기매매목적도 아니고 조건부 대가*도 아닌 지분상품을 보유할 경우 (b)로 분류되도록 선택할 수 있지.

*조건부 대가란 합병 등 사업결합과정에서 지분을 이전하기로 한 것을 의미한다. 본서에서는 추가적인 설명을 생략한다.

 그러니까 주식은 당기손익금융자산이 원칙이지만 예외적으로 기타포괄금융자산으로 선택할 수도 있다는 거군요.

 맞아. 그러니 앞으로 주식을 기타포괄금융자산으로 분류할 경우에는 '기타포괄선택금융자산'으로 부르도록 하자.

 그러면 채권은 어떻게 분류되는 거예요?

 채권은 '계약상 현금흐름의 수취'목적이 있을 수도 있고 없을 수도 있으니까 상각후원가측정금융자산, 기타포괄금융자산, 당기손익금융자산, 이렇게 세 가지가 모두 가능해. 아래 표로 요약할 수 있어.

사업모형 구분		채무상품	지분상품
계약상 현금흐름을 수취	상각후원가측정금융자산	O	×
계약상 현금흐름을 수취 & 금융자산의 매도	기타포괄금융자산	O	×*
기타의 사업모형	당기손익금융자산	O	O

*단, 요건 충족 시 '기타포괄금융자산'으로 선택 가능(이를 기타포괄선택금융자산으로 부르기로 한다. 따라서 기타포괄금융자산은 채권에만 해당되고, 기타포괄선택금융자산은 주식에만 해당된다)

Section 02

지분상품의 회계처리

 아! 너무 복잡해요. 당기손익금융자산과 기타포괄(선택)금융자산의 차이가 뭐예요?

 가장 큰 차이는 평가손익을 당기손익으로 처리하는지 여부야.

 꼭 평가해야 해요? 유형자산은 가격 변동을 반영하지 않던데….

 전혀 안 하는 건 아니지. 재평가모형에서는 공정가치 평가를 한다고 했잖아.

 아, 맞다! 그런데 투자주식은 항상 공정가치 평가를 해야 하는 거예요?

 그래, 채무상품은 '상각후원가측정금융자산'으로 분류되는 경우 공정가치 평가를 하지 않아. 채무상품은 뒤로 미루고 일단 지분상품에 대해 알아보자. 다음 예제를 풀어보면 대략 이해가 될 거야.

예제 15-1

㈜서울의 금융자산 관련 거래는 다음과 같다.

- 20×1년 12월 1일 상장주식을 1,000,000원에 취득하고 거래원가 10,000원을 포함하여 1,010,000원을 지급하였다.
- 금융자산의 20×1년 말 공정가치는 1,200,000원이며 20×2년 말 공정가치는 900,000원이다.
- 회사는 20×3년 2월 20일 금융자산 전부를 1,050,000원에 모두 처분하였다.

(1) 당기손익금융자산으로 분류되는 경우 각 일자별 회계처리를 제시하시오.
(2) 기타포괄선택금융자산으로 분류되는 경우 각 일자별 회계처리를 제시하시오.

(풀이)

(1) 당기손익금융자산으로 회계처리
- 20×1.12.01. (차) 당기손익금융자산 1,000,000 (대) 현 금 1,010,000
  (취득일)   지급수수료   10,000
- 20×1.12.31. (차) 당기손익금융자산   200,000 (대) 금융자산평가이익 200,000
                                                    (당기손익)
- 20×2.12.31. (차) 금융자산평가손실   300,000 (대) 당기손익금융자산 300,000
               (당기손익)
- 20×3.02.20. (차) 현 금   1,050,000 (대) 당기손익금융자산 900,000
  (처분일)   금융자산처분이익   150,000

(2) 기타포괄선택금융자산으로 회계처리
- 20×1.12.01. (차) 기타포괄선택금융자산 1,010,000 (대) 현 금 1,010,000
  (취득일)
- 20×1.12.31. (차) 기타포괄선택금융자산 190,000 (대) 금융자산평가이익 190,000
                                                    (기타포괄손익)
- 20×2.12.31. (차) 금융자산평가이익   190,000 (대) 기타포괄선택금융자산 300,000
               (기타포괄손익)
               금융자산평가손실   110,000
               (기타포괄손익)
- 20×3.02.20. (차) 기타포괄선택금융자산 150,000 (대) 금융자산평가손실 110,000
  (처분일)   금융자산평가이익   40,000
               (차) 현금   1,050,000 (대) 기타포괄선택금융자산 1,050,000

취득시점의 회계처리를 보면 유형자산이나 재고자산을 취득할 때는 자산의 취득가액에 포함시켰던 것과 달리 당기손익금융자산에서만 수수료를 별도로 비용처리한다는 것을 알 수 있어.

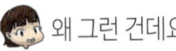 왜 그런 건데요?

 지급수수료에 해당하는 부분을 취득가액에 포함시켜도 결국 그만큼 당기손익금융자산의 평가손실을 늘리거나 평가이익을 줄이는 결과가 되기 때문이야. 그래서 아예 처음부터 지급수수료로 처리하는 것이지. 그것 외에도 당기손익금융자산에서는 평가이익을 당기손익으로 처리하지만, 기타포괄(선택)금융자산에서는 평가이익을 기타포괄손익으로 처리한다는 차이가 있어.

 기타포괄손익? 어디서 들어보긴 한 거 같은데….

포괄손익계산서랑 유형자산의 재평가모형을 설명할 때 언급한 적이 있어.

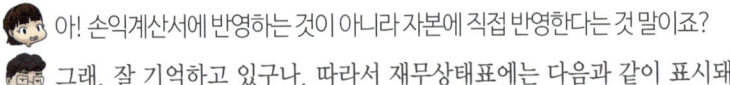 아! 손익계산서에 반영하는 것이 아니라 자본에 직접 반영한다는 것 말이죠?

그래, 잘 기억하고 있구나. 따라서 재무상태표에는 다음과 같이 표시돼.

부분 재무상태표
20×1년 12월 31일

| 기타포괄선택금융자산 | 1,200,000 | 자 본 | ××× |
| | | 기타포괄선택금융자산평가이익 | 190,000 |

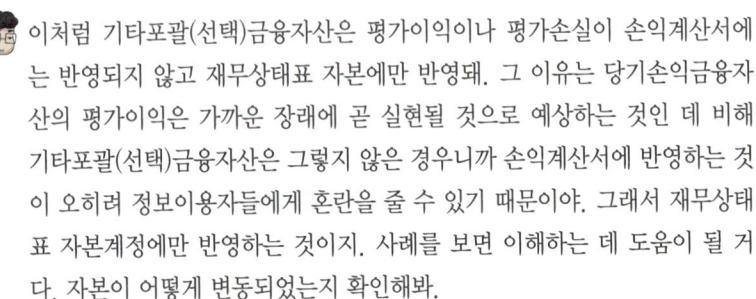 이처럼 기타포괄(선택)금융자산은 평가이익이나 평가손실이 손익계산서에는 반영되지 않고 재무상태표 자본에만 반영돼. 그 이유는 당기손익금융자산의 평가이익은 가까운 장래에 곧 실현될 것으로 예상하는 것인 데 비해 기타포괄(선택)금융자산은 그렇지 않은 경우니까 손익계산서에 반영하는 것이 오히려 정보이용자들에게 혼란을 줄 수 있기 때문이야. 그래서 재무상태표 자본계정에만 반영하는 것이지. 사례를 보면 이해하는 데 도움이 될 거다. 자본이 어떻게 변동되었는지 확인해봐.

구 분	1997.12.31.	1998.12.31.	1999.12.31.	2000.12.31.	2001.12.31.
당좌자산(계)	105,750,373	20,908,677	40,413,588	27,913,592	9,158,156
재고자산(계)	60,297,016	26,523,024	42,905,167	35,852,657	50,282,593
유동자산(계)	166,047,388	47,431,701	83,318,755	63,766,249	59,440,749
투자자산(계)	46,518,686	17,647,446	221,091,991	46,842,684	29,846,350
유형자산(계)	21,039,827	17,434,467	22,128,980	17,927,421	15,810,769
무형자산(계)	40,824	36,586	3,639,352	2,405,334	12,900,615
이연자산(계)	11,006,120	5,654,491	–	–	–
고정자산(계)	78,605,457	40,772,990	246,860,322	67,175,439	58,557,735
자산총계	244,652,457	88,204,691	330,179,077	130,941,688	117,998,484
유동부채(계)	119,138,310	108,962,401	118,058,883	93,249,195	152,778,158
고정부채(계)	70,604,082	240,471,362	313,360,220	206,105,338	41,744,237
부채총계	189,742,392	349,433,763	431,419,102	299,354,533	194,522,394
자본금	13,283,330	13,283,330	50,617,335	228,271,990	17,275,990
자본잉여금	20,295,814	20,295,814	30,373,357	33,631,448	–
이익잉여금	19,314,178	−278,949,200	−372,317,772	−452,161,386	−73,080,980
기타포괄손익누계액	2,017,131	−15,859,016	190,087,054	21,845,103	−20,718,921
기타포괄선택금융 자산평가이익	–	−15,859,016	190,799,075	15,318,788	–
출자전환채무	–	–	–	8,181,000	–
기 타	–	–	–	–	4,000,000
당기순이익	847,542	−298,263,378	−72,390,163	−79,843,614	96,027,461
자본총계	54,910,453	−261,229,072	−101,240,025	−168,412,845	−76,523,911
부채및자본총계	244,652,845	88,204,691	330,179,077	130,941,688	117,998,484

 1997년 자본총계가 549억원인데 1998년에 - 2,612억원이네요. 1년 만에 자본이 3,000억원 넘게 감소했어요.

회사가 망하면 흔히 일어나는 일이지.

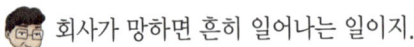 그런데 이해가 잘 안 되는 게 자산과 부채는 같은 방향으로 움직이는 거잖아요. 어떻게 자산이 크게 감소했는데 부채가 증가하죠?

1998년에 회사가 워크아웃(은행관리)에 들어가면서 부실한 자산은 보수적으로 감액처리했으니 크게 감소한 것이지. 부채는 회사가 빚보증을 했던 자회사에 대한 보증채무가 회사의 주채무로 변경되었기 때문이고. 자회사도 부도가 났거든.

어? 그런데 1998년과 1999년 사이에는 자본이 1,600억원이나 늘었어요. 회사의 사정이 나아진 거예요?

사정이 나아진 것은 아니야. 보통 자본은 주주가 추가로 자본을 불입하거나, 이익이 많이 나서 이익잉여금이 늘어나는 경우가 대부분이지. 하지만 여기에서는 '기타포괄선택금융자산평가이익'의 증가가 원인이야.

아! 지난번에 배운 '재평가잉여금'도 증자나 회사의 실적개선과는 관계없이 자본이 증가했는데, '기타포괄선택금융자산평가이익'도 마찬가지군요.

오호! 잘 기억하고 있네. 네 말이 맞아.

그런데 궁금한 게 있어요. 어떻게 해서 기타포괄선택금융자산평가이익이 급증한 거예요?

그 당시 주식시장이 워낙 좋을 때였거든. 다음 신문기사를 읽어볼래?

○○전자, 한통프리텔 신세기통신 지분 매각 방침
유가증권 평가차익만 2,400억원대−워크아웃 조기 졸업 가능성

〈매일경제신문〉, 1999.12.27.

==최근 정보통신 관련주가 급등하면서 이동전화기 등을 생산하는 통신기기 제조업체인 ○○전자의 유가증권투자 평가이익이 급증하고 있다.== ○○전자는 지난해 10월 기업재무구조개선(워크아웃)기업으로 지정된 상태로 3,300억원대의 자본잠식상태에 빠져 있으나 보유지분 매각을 통해 경영정상화를 추진 중인 것으로 알려졌다. ○○전자가 보유하고 있는 정보통신 관련주는 한통프리텔과 신세기통신. 69만 5,300주를 보유하고 있는 한통프리텔의 주당 평균취득단가는 7,731원. 13일 연속 상한가를 치고 있는 한통프리텔의 24일 현재 종가는 24만 7,500원으로 취득원가에 비해 32배나 치솟은 상태다. 이날 종가를 기준으로 ○○전자는 한통프리텔에서만 1,667억원의 평가차익을 거두고 있고 실제로 주식을 처분할 경우 1,720억원의 현금을 확보할 수 있게 된다. 신세기통신에서도 ○○전자는 막대한 평가차익을 거두고 있다. ○○전자 주식담당자에 따르면 신세기통신 주식 평균취득단가는 5,000원으로 이날 장외시장 가격(10만원)으로 계산할 경우 20배의 평가차익을 거두고 있다. 보유주식수는 80만주로 평가익만 760억원에 이른다.

 믿을 수 없을 만큼 급등했네요.

진짜 그렇지? 그런데 말이다, 앞에서 사례로 든 회사는 해당 투자주식을 매각하지 못했어. 2000년의 평가이익이 얼마인지 확인해봐.

1,900억원의 평가이익이 약 150억원으로 줄었네요.

그러니 기타포괄선택금융자산의 평가이익이나 평가손실을 손익계산서에 반영한다면 오히려 정보이용자에게 혼란을 주겠지.

정말! 이제 '예제 15-1'에서 기타포괄선택금융자산의 평가이익이나 평가손실을 당기손익에 반영하지 않았는지 알 것 같아요.

 다시 예제로 돌아가서 20×2년 회계처리를 주목해봐. 이해가 되니?

 음, 어떻게 금융자산평가이익이 차변에 기록될 수 있는 거예요?

 그건 기타포괄선택금융자산평가이익이 기타포괄손익이기 때문이지. 여기서 금융자산평가이익은 수익이 아니라 자본계정이니까 잔액이 여전히 남아 있는데, 금융자산평가이익과 금융자산평가손실이 동시에 기록되어서는 안 되거든. 그래서 금융자산평가이익을 먼저 제거하고 나머지 금액을 금융자산평가손실로 잡은 거야. 재무상태표에는 다음과 같이 나타나게 되겠지.

부분 재무상태표
20×2년 12월 31일

기타포괄선택금융자산	900,000	자 본	×××
		기타포괄선택금융자산평가손실	110,000

 20×3년 처분이익은 당기손익금융자산에서만 인식하고 기타포괄선택금융자산에서는 인식하지 않네요. 왜 그런 거예요?

 기타포괄선택금융자산에 대해서 지난 연도에 인식했던 기타포괄손익을 후속적으로 당기손익으로 재분류하도록 허용하면 금융자산을 선택적으로 매도하여 당기순이익을 조작할 여지가 있지. 투자주식의 처분에 대해 좀 더 구체적으로 알아보자.

예제 15-2

㈜서울은 보유하고 있던 '당기손익금융자산'(장부금액 700,000원)을 800,000원에
처분하고 지급수수료 6,000원을 차감한 794,000원을 현금으로 수령하였다. 회계처
리를 제시하시오.

(풀이)

(차) 현 금	794,000	(대) 당기손익금융자산	700,000
		금융자산처분이익	94,000

※주의사항 : 아래는 잘못된 회계처리다.

(차) 현 금	794,000	(대) 당기손익금융자산	700,000
지급수수료	6,000	금융자산처분이익	100,000

처분 시 지급수수료는 별도로 회계처리하지 않고 처분손익에 반영하는 점에
주의해야 해.

처분할 때에는 별도의 수수료를 인식하지 않고, 처분이익이 그만큼 감소하든가
처분손실이 그만큼 증가한다는 거네요.

※ 금융자산의 취득 · 처분 시 발생한 수수료의 회계처리

구 분	당기손익금융자산	기타포괄선택금융자산
취 득	당기비용으로 처리	취득가액에 가산
처 분	처분손익에 반영	–*

*처분손익을 인식하지 않지만 처분 시 발생한 직접비용에 대한 명문 규정이 없음

Section 03

채무상품의 회계처리

 채무상품은 앞에서 잠깐 설명했듯이 당기손익금융자산, 기타포괄금융자산, 그리고 상각후원가측정금융자산, 이렇게 세 가지가 있어. 하지만 여기에서는 상각후원가측정금융자산만 다루는 것으로 하자.

예제 15-3

㈜부산은 ㈜서울이 발행한 다음과 같은 조건의 사채를 20×1년 초에 현금흐름을 수취하는 사업모형을 갖고 취득하였다.

- 액면가액   : 1,000,000원
- 액면이자율 : 8%(매년 말 이자지급)
- 만 기   : 20×3년 12월 31일

(1) 시장이자율이 8%일 때 사채의 취득가액을 계산하시오.
(2) (1)의 경우 회계처리를 제시하시오.
(3) 시장이자율이 10%일 때 사채의 취득가액을 계산하시오.
(4) (3)의 경우 회계처리를 제시하시오.

(풀이)

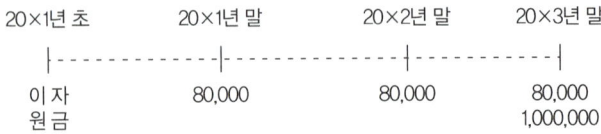

20×1년 초	20×1년 말	20×2년 말	20×3년 말
이자	80,000	80,000	80,000
원금			1,000,000

(1)

• 취득가액 = $(80,000/1.08) + (80,000/1.08^2) + (80,000/1.08^3) + (1,000,000/1.08^3)$

　　　　 = $80,000(1/1.08 + 1/1.08^2 + 1/1.08^3) + (1,000,000/1.08^3)$

　　　　 = $1,000,000$

• 계산기조작 : 1.08 ÷ ÷ 1 = = = GT × 80,000 M+ 1.08 ÷ ÷ 1 = = = × 1,000,000 M+ MR

(2)

• 20×1.01.01.　(차) 상각후원가측정금융자산　1,000,000　(대) 현 금　　　　　　1,000,000
• 20×1.12.31.　(차) 현 금　　　　　　80,000　(대) 이자수익　　　　80,000
• 20×2.12.31.　(차) 현 금　　　　　　80,000　(대) 이자수익　　　　80,000
• 20×3.12.31.　(차) 현 금　　　　　　80,000　(대) 이자수익　　　　80,000
　　　　　　　　　 현 금　　　　　　1,000,000　　상각후원가측정금융자산　1,000,000

(3)

• 취득가액 = $(80,000/1.1) + (80,000/1.1^2) + (80,000/1.1^3) + (1,000,000/1.1^3)$

　　　　 = $80,000(1/1.1 + 1/1.1^2 + 1/1.1^3) + (1,000,000/1.1^3)$

　　　　 = $950,263$

• 계산기조작 : 1.1 ÷ ÷ 1 = = = GT × 80,000 M+ 1.1 ÷ ÷ 1 = = = × 1,000,000 M+ MR

(4) 시장이자율이 10%인 경우라면 이미 배운 바와 같이 상각표는 다음과 같다.

구 분	장부금액 × 유효이자율 (10%)	액면가액 × 액면이자율 (8%)	차 이	장부금액
20×1.01.01.				①950,263
20×1.12.31.	95,026 (= ①950,263 × 10%)	80,000 (= 1,000,000 × 8%)	②15,026	③965,289 (= ①+②)
20×2.12.31.	96,529 (= ③965,289 × 10%)	80,000 (= 1,000,000 × 8%)	④16,529	⑤981,818 (= ③+④)
20×3.12.31.	98,182 (= ⑤981,818 × 10%)	80,000 (= 1,000,000 × 8%)	⑥18,182	1,000,000 (= ⑤+⑥)

• 20×1.01.01.	(차) 상각후원가측정금융자산	950,263	(대) 현 금	950,263
• 20×1.12.31.	(차) 현 금	80,000	(대) 이자수익	95,026
	상각후원가측정금융자산	15,026		
• 20×2.12.31.	(차) 현 금	80,000	(대) 이자수익	96,529
	상각후원가측정금융자산	16,529		
• 20×3.12.31.	(차) 현 금	80,000	(대) 이자수익	98,182
	상각후원가측정금융자산	18,182		
	(차) 현 금	1,000,000	(대) 상각후원가측정금융자산	1,000,000

 왠지 숫자가 좀 낯익은데요.

 그렇지? 앞에서 다룬 사채와 같아.

 아, 채권자 입장에서 고쳐 쓴 거네. 그러면 지분상품과 같은 평가이익이나 평가손실은 없나요?

상각후원가측정금융자산으로 분류하면 최초 취득시점의 이자율로 이자수익을 인식하기 때문에 시장이자율 변동에 따른 가격 변동을 반영하지 않아.

 그러면 사채의 할인발행 시의 회계처리처럼 상각후원가측정금융자산을 명목가액(1,000,000원)으로 나타내고 그 차이를 현재가치할인차금으로 나타내는 회계처리는 안 해요?

 오호! 좋은 지적인데 금융자산에서는 그런 회계처리를 허용하고 있지 않아.

 아무튼 회계학 공부하길 잘한 것 같아요.

그렇게 생각하니 다행이네. 사실 회계를 이해하지 않고서는 법인세, 소득세 같은 세법을 이해하기 어렵지. 그래서 회계기초가 탄탄해야 하는 거라고.

회계공부가 그냥 경제를 잘 이해하기 위한 거라고 생각했는데, 아주 다양한 분야에 적용되네요.

그럼그럼! 어쨌든 수고 많았다. 이 정도면 회계 좀 안다고 으스대도 될 거야.

이제 이것으로 아빠와의 공부는 끝인가요?

그런 셈이긴 한데, 이제 또 다른 시작이지. 좀 더 많은 관심을 갖고 회계학의 다양한 분야를 공부해봐.

놀기도 바쁜데요.

하하, 하루 종일 죽어라 공부만 하라는 건 아니야!

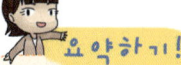 요약하기!

- 지분상품 : 당기손익금융자산, 기타포괄선택금융자산
- 금융자산의 평가손익에 대해 당기손익금융자산은 당기손익으로, 기타포괄금융자산은 기타포괄손익으로 인식한다.
- 지분상품인 금융자산의 처분 시 당기손익금융자산은 장부가와 처분가액의 차이를 처분손익으로 인식하지만, 기타포괄선택금융자산은 처분손익을 인식하지 않는다.
- 채무상품 : 당기손익금융자산, 기타포괄금융자산, 상각후원가측정금융자산
- 상각후원가측정금융자산의 경우 이자율 변동에 따른 공정가치 변동을 반영하지 않는다.

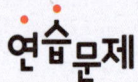

연습문제

01. ㈜서울은 다음과 같은 조건으로 20×1년 초에 ㈜부산에게 자금을 대여하였다. 대여 당시 시장이자율이 10%였기 때문에 950,263원을 ㈜부산에게 지급하였다. ㈜서울이 20×2년 포괄손익계산서에 인식할 이자수익 금액은 얼마인가? 단, ㈜서울의 결산일은 매년 말일이며 3년에 10%의 현가계수는 0.751315, 연금현가계수는 2.486852이다.

> **보기**
>
> (1) 만기상환금액 : 1,000,000(20×3년 말 만기)
> (2) 액면이자율 : 8%(매년 말 이자수령)

① 80,000원

② 95,026원

③ 96,529원

④ 98,188원

탭 ③

- 20×1년 초 장기대여금의 현재가치
  = 80,000 × (1/1.1 + 1/1.1² + 1/1.1³) + (1,000,000 × 1/1.1³)
  = (80,000 × 2.486852) + (1,000,000 × 0.751315)
  = 950,263

구 분	장부금액 × 유효이자율 (10%)	액면가액 × 액면이자율 (8%)	차 이	장부금액
20×1.01.01.				①950,263
20×1.12.31.	95,026 (= ①950,263 × 10%)	80,000 (= 1,000,000 × 8%)	②15,026	③965,289 (=①+②)
20×2.12.31.	96,529 (= ③965,289 × 10%)	80,000 (= 1,000,000 × 8%)	④16,529	⑤981,818 (=③+④)

02. 다음은 ㈜한국이 보유하고 있는 당기손익금융자산 관련 자료이다. 회사가 20×5년 결산시점(12월 31일)에서 인식해야 할 당기손익금융자산평가손익은 얼마인가?

> **보기**
> • 20×4.10.10. 주식취득 매입가 : 2,000,000원(매입수수료 20,000원)
> • 20×4.12.31. 공정가치   : 2,100,000원
> • 20×5.12.31. 공정가치   : 2,500,000원

① 평가이익 500,000원

② 평가이익 300,000원

③ 평가이익 400,000원

④ 평가손실 100,000원

답 ③
　공정가치 2,500,000 － 장부금액 2,100,000 = 평가이익 400,000

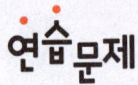

연습문제

03. 다음 당기손익금융자산을 기말에 한국채택국제회계기준에 의한 공정가치 법으로 평가할 경우 옳은 분개는?

보기

구 분	취득원가	공정가치
주식A	350,000	200,000
주식B	900,000	850,000

① (차) 당기손익금융자산평가손실 150,000 (대) 당기손익금융자산   150,000
② (차) 당기손익금융자산   50,000 (대) 당기손익금융자산평가이익 50,000
③ (차) 당기손익금융자산평가손실 200,000 (대) 당기손익금융자산   200,000
④ (차) 당기손익금융자산평가손실 100,000 (대) 당기손익금융자산   100,000

답 ③
당기손익금융자산의 취득원가는 1,250,000원이고 공정가치는 1,050,000원이므로 당기손익금융자산평가손실이 200,000원 발생한다.

04. 주식 100주(액면 @6,000원)를 @6,500원에 단기매매목적으로 매입하고 당기손익금융자산으로 분류하였다. 이 중 40주를 @7,000원에 현금으로 매각하였다. 당기손익금융자산 처분 시 올바른 분개는?

① (차) 현 금　　　　280,000　　(대) 당기손익금융자산　　260,000
　　　　　　　　　　　　　　　　　　　당기손익금융자산처분이익　20,000

② (차) 현 금　　　　280,000　　(대) 당기손익금융자산　　240,000
　　　　　　　　　　　　　　　　　　　당기손익금융자산처분손실　40,000

③ (차) 현 금　　　　280,000　　(대) 당기손익금융자산　　240,000
　　　　　　　　　　　　　　　　　　　당기손익금융자산처분이익　40,000

④ (차) 현 금　　　　280,000　　(대) 당기손익금융자산　　260,000
　　　　　　　　　　　　　　　　　　　당기손익금융자산처분손실　20,000

답 ①
　취득가액 '40주 × @6,500원 = 260,000원'인 당기손익금융자산을
　'40주 × @7,000원 = 280,000원'에 처분했으므로
　'처분이익 20,000원'이 발생한다.

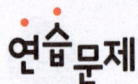
연습문제

05. 12월 말 결산법인인 ㈜서울의 20×4년 12월 31일 현재 유가증권과 관련된 자료는 다음과 같다. 20×4년 재무상태표 표시와 관련된 다음 설명 중 올바르지 않은 것은? 단, 취득 목적 이외의 다른 요건은 모두 충족하며 유동성 대체할 항목은 없는 것으로 한다.

보기

구 분	취득연도	취득목적	기말평가액
주식A	20×4	단기매매차익	100,000
주식B	20×4	기타포괄손익인식지정	150,000
채권C	20×1	원리금의 수취	200,000
채권D	20×3	원리금의 수취와 매도	400,000
채권E	20×4	단기매매차익	300,000

① 당기손익금융자산은 400,000원이다.

② 기타포괄선택금융자산은 150,000원이고 기타포괄금융자산은 400,000원이다.

③ 상각후원가금융자산은 200,000원이다.

④ 비유동자산은 950,000원이다.

답 ④
- 당기손익금융자산 = A 100,000 + E 300,000 = 400,000
- 비유동자산 = B 150,000 + C 200,000 + D 400,000 = 750,000

06. A회사는 20×1년 중에 B회사의 주식 10%를 1,200,000원에 100주를 취득하였다. A회사는 B회사 주식에 대하여 기타포괄손익인식을 선택하였다. B회사 1주당 시장가치는 20×1년 12월 31일 15,000원이고 20×2년 12월 31일 현재 11,500원이라면 20×2년 12월 31일 현재 재무상태표에 표시될 기타포괄선택금융자산평가손익은 얼마인가?

① 기타포괄선택금융자산평가이익 300,000원

② 기타포괄선택금융자산평가손실 50,000원

③ 기타포괄선택금융자산평가이익 150,000원

④ 기타포괄선택금융자산평가손실 150,000원

답 ②

- 기타포괄선택금융자산평가손익
  = (기말공정가치 100주 × 11,500원) − 취득가액 1,200,000원
  = −50,000원

- 참고로 각 일자별 회계처리는 다음과 같다.
  - 취득일 :
    (차) 기타포괄선택금융자산　1,200,000　(대) 현　금　　　　　　　　　1,200,000
  - 20×1.12.31. :
    (차) 기타포괄선택금융자산　300,000　(대) 금융자산평가이익(기타포괄손익)　300,000
  - 20×2.12.31. :
    (차) 금융자산평가이익(기타포괄손익) 300,000　(대) 기타포괄선택금융자산　350,000
    　　금융자산평가손실(기타포괄손익) 50,000 plug

연습문제

07. A사는 20×1년 중에 B사 주식 1,000주를 주당 1,000원에 취득하였다. A 회사는 B회사 주식에 대하여 기타포괄손익인식을 선택하지 않았으므로 당기손익금융자산으로 분류하였다. B사 결산일 현재 종가는 20×1년도 주당 1,100원이고 20×2년도에 주당 800원이다. 20×3년도 중 A사는 B사 주식 중 500주를 주당 1,200원에 처분할 경우 20×3년도에 인식할 처분손익은?

① 처분이익 100,000   ② 처분손실 100,000

③ 처분이익 200,000   ④ 처분손실 50,000

답 ③

- 20×3년 인식 처분손익
  = (500주 × 1,200원) − (500주 × 800원)
  = 처분이익 200,000

- 참고로 각 일자별 회계처리는 다음과 같다.
  - 취득일 :
    (차) 당기손익금융자산   1,000,000   (대) 현 금   1,000,000

  - 20×1.12.31. :
    (차) 당기손익금융자산   100,000   (대) 당기손익금융자산평가이익 100,000

  - 20×2.12.31. :
    (차) 당기손익금융자산평가손실   300,000   (대) 당기손익금융자산   300,000
    → 기말 장부금액 = 1,000주 × @800원 = 800,000원

  - 처분일 :
    (차) 현 금   600,000   (대) 당기손익금융자산*   400,000
                                         금융자산처분이익   200,000

    *당기손익금융자산 = 500주 × @800원 = 400,000원

08. 다음 설명 중 올바르지 않은 것은?

① 지분상품은 상각후원가측정금융자산으로 분류될 수 없다.

② 당기손익금융자산은 기말에 공정가치로 평가하여 당기손익에 반영하고, 상각후원가측정금융자산은 기말에 공정가치로 평가하지 않는다.

③ 기타포괄금융자산은 기말에 공정가치로 평가하며 평가손익은 당기손익에 반영한다.

④ 채무증권은 원칙적으로 유효이자율법에 의하여 이자수익을 인식해야 한다.

답 ③

기타포괄금융자산평가손익은 당기손익에 반영하지 않고 기타포괄손익에 반영한다.

09. 다음 유가증권에 대한 설명 중 가장 옳지 않은 것은?

① 기타포괄금융자산도 공정가치로 평가할 수 없는 경우가 있다.

② 상각후원가측정금융자산은 상각후원가로 평가한다.

③ 당기손익금융자산은 공정가치로 평가하고 평가손익은 당기손익에 반영한다.

④ 당기손익금융자산의 평가손익은 당기손익에 반영하나 기타포괄금융자산의 평가손익은 기타포괄손익에 반영한다.

답 ①

기타포괄금융자산은 항상 공정가치로 후속측정을 수행한다.

좋은 책을 만드는 길, 독자님과 함께 하겠습니다.

회계기초 탈출기

개정6판1쇄 발행	2026년 01월 05일 (인쇄 2025년 09월 18일)
초 판 발 행	2017년 09월 15일 (인쇄 2017년 07월 28일)
발 행 인	박영일
책 임 편 집	이해욱
편 저	장홍석 · 장원희
편 집 진 행	김준일 · 백한강 · 권민협
표지디자인	김지수
편집디자인	조은아
일 러 스 트	정현명 · 최경선
발 행 처	시대인
공 급 처	(주)시대고시기획
출 판 등 록	제10-1521호
주 소	서울시 마포구 큰우물로 75 [도화동 538 성지 B/D] 9F
전 화	1600-3600
팩 스	02-701-8823
홈 페 이 지	www.sdedu.co.kr
I S B N	979-11-434-0021-5(13320)
정 가	20,000원

'시대인'은 종합교육그룹 '(주)시대고시기획 · 시대교육'의 단행본 브랜드입니다.